保育・教育 実践テキストシリーズ

児童福祉

子ども家庭福祉と保育者

柏女霊峰・伊藤嘉余子／編著

樹村房
JUSONBO

はじめに

　「保育」とは，制度的には児童福祉の一分野であり，かつ，援助方法的には児童福祉援助方法におけるケアワークに属する援助体系である。また，就学前保育を念頭におけば，「保育」とは就学前の子どもの発達を保障する営みであり，教育の概念も含んでいる。そして，児童福祉は，それを側面から支援する援助体系であるといえる。

　つまり，児童福祉は保育を含む幅広い概念であり，したがって，「保育」を学ぶ場合には，児童福祉の基本的理念や制度，施設等の運営，ソーシャルワークなどの児童福祉援助について体系的に学ぶことが必要とされる。また，保育以外の児童福祉の制度・実践を有効活用することが念頭におかれなければならない。保育士養成課程において「児童福祉」が必修とされているのは，このような理由に基づいているのである。

　ところで，児童福祉とは，いったいどのような営みをさすのであろうか。児童福祉とは，「理念的には人格主体として理解されながら，実際には，自分たちの立場を主張したりそれを守ったりする力の弱い子どもを，その保護者とともに，国，地方自治体及び社会全体が，その生活と発達，自己実現を保障する活動の総体をいう」（本書2章）と定義できる。

　また，児童福祉は，「子どもや子育てのおかれた現状を視野に入れ，児童福祉の理念に基づき，児童福祉の目的とその方策を法令等に基づいて制度化し，その運用ルールを示したもの，及びそのルールに基づいた機関・施設の運営や具体的実践行為（方法）の体系である」と考えることができる。すなわち，児童福祉は，現状，理念，制度，方法の4つをその要素として成立する営みであるといえる。

　その児童福祉は，現在，大きな変革期にある。それは，戦後60年以上，制度創設当時の体制をほぼ保ち続けてきた児童福祉に，新しい世界をもたらすこととなる。保育制度も大きく変わろうとしている。

本書は，このような児童福祉について，シンプルでわかりやすいテキストとして作成された。全体は6章構成とし，前述の「現状」，「理念」，「制度」，「方法」の4つの要素を体系的に組み込んでいる。また，各章末にトピックスや演習問題を挿入し，学びを支援するよう心がけた。なお，執筆者のほとんどは，新しい時代の児童福祉専門職養成や研究を担う少壮の学者たちで構成されている。

　本書の読者は，保育士資格取得をめざす学生をはじめ，保育現場の保育士・者たち，保育行政関係者，子育て支援や保育等のボランティア，社会福祉士・教師をめざす学生たちなどにも幅広く読んでもらえるように配慮している。本書が多くの人々に読まれ，それによって，保育ならびに児童福祉が少しでも進展していくこと，そのことが多くの子どもたちや親たちに幸せ（福祉）をもたらすことを願っている。

　最後に，これから保育士・者をめざそうとしている人たちが，保育の仕事に誇りと責任と希望をもって歩み続けられることを心から願っている。

　　平成20年11月　虫の声を聴きながら

編著者　柏女　霊峰
　　　　伊藤嘉余子

児童福祉
子ども家庭福祉と保育者

もくじ

はじめに

1章　現代社会と子ども・家庭 …………………………………… 1
1　社会経済情勢や地域社会の変容 ………………………………… 1
1．社会経済情勢の変容と子育て家庭への影響　1
2．地域社会の変容　2
2　家庭の変容 ……………………………………………………… 3
1．少子化の動向とその要因　3
2．家族の変容　4
3　求められる子育て支援 ………………………………………… 7
1．子育て家庭が抱える問題　7
2．社会的養護を必要とする家庭　8

2章　児童福祉の意義と理念 ……………………………………… 13
1　児童福祉とはなにか ……………………………………………… 13
1．児童福祉の定義と構成要素　13
2．児童福祉から子ども家庭福祉へ　14
3．児童福祉の具体的内容　14
2　児童福祉ニーズと配慮 ………………………………………… 16
1．児童福祉ニーズの諸相　16
2．社会の価値観のゆらぎと社会福祉の意義　17
3　子どもの社会的特性と必要とされる配慮 …………………… 18
1．「子ども」の社会的特性　18
2．子どもの特性と社会的配慮　19
4　子どもの発達的特徴や保護者の生活の実情と必要とされる配慮 ……… 22
1．子どもの発達的特徴　22

2．保護者の生活の実情　24
　　3．児童福祉に必要とされる配慮　24
　5　児童福祉の基本理念……………………………………………25
　　1．子どもの権利保障　25
　　2．子育て支援　26
　　3．社会福祉の動向と新たな児童福祉の理念　27
　　4．これからの児童福祉に求められる方向
　　　　―児童福祉から子ども家庭福祉へ―　28
　6　保育における児童福祉……………………………………………30
　　1．保育とはなにか　30
　　2．保育における児童福祉　31

3章　児童福祉の歴史的展開………………………………………35
　1　わが国における児童福祉の展開……………………………………35
　　1．近代以前の子どもの救済事業　35
　　2．第二次世界大戦後から現在までの子ども家庭福祉の歩み　43
　2　欧米における児童福祉の展開―イギリス，アメリカ合衆国…………49
　　1．近代社会にいたるまでの児童福祉の展開　49
　　2．近代社会における児童福祉　50
　　3．第二次世界大戦後の児童福祉の展開　51
　3　児童福祉の課題と展望……………………………………………52
　　1．これまでの児童福祉の歩み　52
　　2．これからの子ども家庭福祉のあり方　54

4章　児童福祉の法制度と実施体制…………………………………59
　1　児童福祉の法体系…………………………………………………59
　　1．児童福祉法　59
　　2．児童福祉法以外の主な法律　63
　2　児童福祉の実施体制………………………………………………68
　　1．国及び地方公共団体　68

2．児童福祉審議会　69
　　3．児童相談所　72
　　4．福祉事務所　78
　　5．市町村　79
　　6．保健所　80
　　7．児童委員・主任児童委員　81
　　8．児童家庭支援センター　82
　　9．民間児童福祉関係団体　82
　3　児童福祉の財政……………………………………………………83
　　1．国及び地方公共団体の負担　83
　　2．国庫補助金等　83
　4　児童福祉のマンパワー…………………………………………86
　　1．相談機関の専門職　86
　　2．児童福祉施設の専門職　88

5章　児童福祉サービスの現状と課題……………………93
　1　保育サービス………………………………………………………93
　　1．保育サービスとは　93
　　2．保育所のしくみ　94
　　3．最低基準　97
　　4．保育内容　98
　　5．保育サービスの動向　100
　2　子育て支援サービス…………………………………………104
　　1．子育て支援が必要とされる背景　104
　　2．近年の子育て支援に関する考え方と法律　104
　　3．子育て支援のサービス　105
　　4．子育て支援の今後の課題　108
　3　健全育成サービス……………………………………………112
　　1．健全育成とは　112
　　2．児童厚生施設　112

3．放課後児童健全育成事業　115
　　4．地域子育て支援　116
　　5．地域組織活動　117
　　6．児童文化　117
　　7．児童育成事業推進等対策事業　118
　4　母子保健サービス……………………………………………118
　　1．母子保健とは　118
　　2．母子保健の沿革　119
　　3．母子保健サービスの実際　120
　　4．母子保健サービスの今後の課題　123
　5　障害児福祉サービス…………………………………………124
　　1．障害児福祉とは　124
　　2．障害児福祉の現状　125
　　3．障害児福祉の今後の課題　128
　6　要養護児童のための福祉サービスと虐待対策……………129
　　1．要保護児童と社会的養護とは　129
　　2．社会的養護の内容　129
　　3．子ども虐待の発見から保護までのしくみ　134
　　4．虐待対策の課題　136
　7　非行少年・情緒障害児福祉サービス………………………138
　　1．非行少年とは　138
　　2．非行少年に対する福祉サービスの現状　140
　　3．情緒障害児とは　140
　8　ひとり親家庭福祉サービス…………………………………142
　　1．ひとり親家庭の現状　142
　　2．子育てや生活の支援　143
　　3．就業支援策　145
　　4．養育費の確保　146
　　5．経済的支援策　146

6章　児童福祉援助活動の実際……………………………………………149
1 保育士とソーシャルワーク……………………………………………149
1．保育士におけるソーシャルワークの必要性　150
2．ソーシャルワークの視点　150
3．バイステックの7原則と児童福祉　151
4．ソーシャルワークの支援過程　155
2 相談援助活動（育児不安などの相談対応）……………………………155
1．児童福祉に寄せられる相談　156
2．相談援助活動のプロセス　157
3 施設入所児童の援助……………………………………………………159
1．子どもが入所施設で生活する理由　160
2．施設で生活する子ども・家庭への支援プロセス　161
3．入所施設での支援の特性　163
4 地域子育て支援…………………………………………………………165
1．地域における子育て支援の必要性　165
2．子育て支援の種類　165
3．子育てサークル　166
4．子育てサークルの組織化と課題　168
5 関係機関との連携………………………………………………………170
1．児童福祉と関連分野の専門職　170
2．児童相談所と他の専門機関との連携　170
3．保育所と他の専門機関との連携　172
4．関係機関とのネットワークの構築　174

引用・参考文献………………………………………………………………177
参考図書案内…………………………………………………………………179
さくいん………………………………………………………………………181

■■■トピックス一覧

1：次世代育成支援対策とワーク・ライフ・バランスの実現…………11
2：全国保育士会倫理綱領……………………………………………33
3：児童福祉の歩み……………………………………………………57
4：児童福祉を担う専門職……………………………………………92
5：子ども家庭福祉サービスの今後の方向性………………………147
6：児童福祉におけるソーシャルワークの展開……………………175

1章 現代社会と子ども・家庭

　本章では，子どもの育つ環境や子育ての現状と課題について学ぶ。
　子どもは，家族からのみならず広く地域社会からの影響を受けながら育っていく。そのため，さまざまな児童福祉サービスは，今日の子どもたちの育ちや子育て状況の実態をふまえたものでなければ，その効果は期待できないといえる。
　そこで，本章では，近年の子どもをとりまく家庭や地域社会の状況について多角的に把握し，児童福祉のニーズを発見していくことを目的とする。

1　社会経済情勢や地域社会の変容

1．社会経済情勢の変容と子育て家庭への影響

（1）産業構造の変化と都市への人口集中

　日本において，1960年代（昭和30年代後半）以降，高度経済成長期と呼ばれる経済の著しい発展があった。この流れのなかで，個人所得，個人消費ともに伸び，人々の生活は急速に豊かなものとなっていった。
　産業の発展に伴い，農林漁業の第一次産業中心の産業構造から，鉱業，建設業，製造業等の第二次産業，さらに販売業，流通，サービス業といった第三次産業へとその主流は移行した。さらに，中小企業や零細企業を経営する自営業者はしだいに減少し，現在では，産業従事者の8割以上が給料によるサラリーマン生活を送っている。

(2) 都市化と住宅問題

　こうした産業構造の変化と雇用者世帯の増加は，関東圏，関西圏，名古屋圏といわれる三大都市圏の開発を促進し，人口の都市集中をもたらした。1970年代初頭には，三大都市圏の人口は飽和状態になり，現在，三大都市圏と政令指定都市圏だけで日本の総人口の約5割を占めるに至っている。

　このように激増する人口に対して，大都市では住宅を提供することが困難になってきた。また，持ち家制度を推奨した住宅政策も追い風となり，都市部の地価は高騰し，人々の住宅は都市郊外へと拡大していった。

　その結果，サラリーマンの通勤時間は，片道1時間から2時間以上にもなる状況が一般化してきた。職場から遠い郊外に20年以上にわたる住宅ローンを組み，「マイホーム」を購入することが当たり前となった。サラリーマンは，1日の時間を勤務時間に加えて長い通勤時間に割かざるを得なくなり，自由時間は減少していったといえる。

(3) 住宅問題と単身赴任などの家族の問題

　前述したように，20年以上の住宅ローンを組み，マイホームを購入しても，通勤時間の長さがもたらす自由時間の減少等によって，近隣住民との交流は希薄なものとなっていった。

　また，転勤する場合，住宅ローン返済の問題があるため，転居費用の節約や子どもの教育環境等を考慮して，「単身赴任」というライフスタイルを選択する家族も少なくない。単身赴任によって，父親不在の家庭における母親の負担，二重の家計費負担といった課題など，家族が抱える問題や負担が多様化したといえよう。

2．地域社会の変容

　子どもの成長や子育て家庭を包み込んできた地域社会も，かつてとはその姿や機能が変容しつつある。

　都市化によって，子どもたちにとって身近な遊び場は減少し，交通事故の危険性も増大している。厚生労働省が2004(平成16)年度に行った全国家庭児童調査によると，子どもが普段遊んでいる場所は「友達の家」が65.2％と最も多く，次いで「自宅」が52.5％であった。「公園」と答えた子どもはわずか28.6％で

あり，戸外で遊ぶ機会が減少した現代の子どもの姿がうかがわれる。

かつて「ギャングエイジ」と呼ばれた異年齢の遊び集団は姿を消すとともに，自分たちでルールや道具等を工夫して戸外で遊ぶ機会も減少し，屋内でのテレビゲーム等，受け身的な遊びを楽しむ子どもが増えている。

また，先述したように，都市化や職住分離が進み，地域住民どうしの人間関係が希薄化しており，地域ぐるみで子育てするといった機能は弱くなっているといえる。さらに通勤時間が長い父親が多いため，父親が子育てに十分参加できない現状もあり，母親と学校だけが子育てを担うという傾向が強くなっている。

2 家庭の変容

1．少子化の動向とその要因

日本は，現在，**少子高齢化**が急速に進行している。この少子化は，**合計特殊出生率**の持続的低下によってもたらされている。人口維持に必要な人口置換水準は20.8とされているが，1973(昭和48)年をピークに出生率は低下し続け，1989(平成元)年の「1.57ショック」を契機に，少子化が社会問題として強く認識されるようになった。図・表1-1に，わが国における出生数及び合計特殊出生率の年次推移を示した。日本の出生率は，先進国のなかでもきわめて低い水準であり，今後，日本は，世界に前例のない少子高齢社会を迎えることになるだろう。

少子化の主な要因として，共働きで子どもをもたない夫婦や，ひとりっ子の増加が考えられやすいが，実は，結婚した夫婦は，ここ20年間継続して平均約2人の子どもを産んでいる(国立社会保障・人口問題研究所「第12回出生動向基本調査（結婚と出産に関する全国調査）」2006年)。

この結果から，現在の出生率の低下は，夫婦の出生率の低下によるものではなく，女性の高学歴化や就業率の上昇とあわせて，結婚や出産を先延ばしにしている若者が増えていること（未婚化，晩婚化）が要因と考えられる。

図・表1-1 出生数・合計特殊出生率の推移

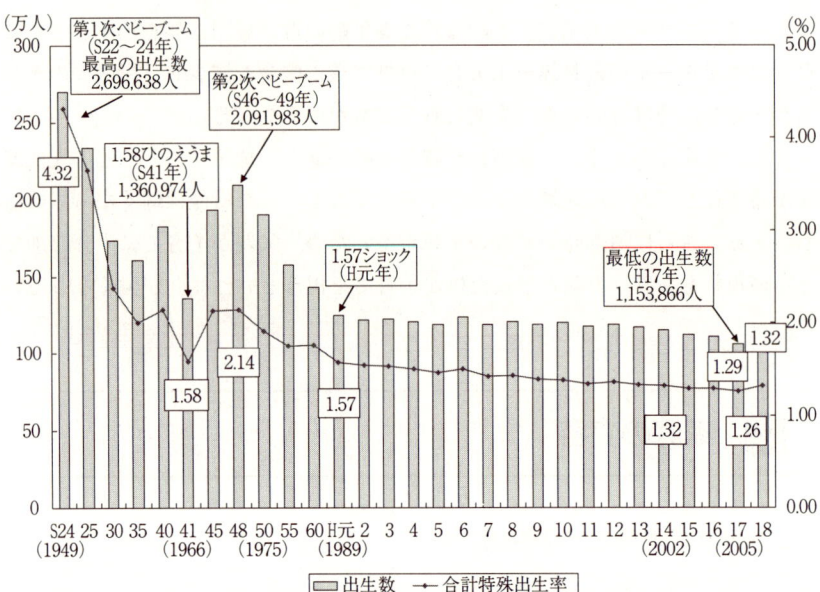

(資料:厚生労働省「人口動態統計」2007より)

しかしながら、子どもにかかる教育費などの経済的負担や住宅事情などが関連して、夫婦の間で「子どもは少なく産み、大切に育てる」という考え方が一般化していることも事実であり、夫婦の出生力の上昇についても検討する必要はあるだろう。その他、老後の生活を子どもに頼らないという考え方の増加、親の育児スキルの経験不足による育児負担感も、少子化の要因の1つとして挙げることができる。

2. 家族の変容

(1) 核家族化と世帯人員の減少

厚生労働省の厚生行政基礎調査、国民生活基礎調査によると、2003(平成15)年の平均世帯人員は2.57人であり、はじめて2.60人を下回る結果となった。その後、2007(平成19)年には2.46人と、年々減少傾向にある。また、核家族世帯については、2,802万6,000世帯(2006年現在)であり、前年より約100万世帯増

加した。その一方で，三世代世帯は432万6,000世帯と前年よりも約20万世帯減少しており，核家族化が進行しているといえる。

子ども（18歳未満の未婚の者）がいる世帯は，2006（平成18）年現在，1,297万3,000世帯であるが，そのうちの42.4％が「ひとりっ子」，42.8％が「ふたりっ子」である。子どものいる世帯全体の平均子ども数は1.74であり，2人を下回る現状となっている。

（2） 晩婚化，未婚化，非婚化

現代の若者の結婚をめぐる特徴は「晩婚化」と「未婚化」である。このような傾向が，今日の少子化に少なからず影響を及ぼしていると考えられる。そこで本項では，若者の結婚，出産に関する意識ついて述べることにする。

まず，未婚の若者が「独身にとどまっている理由」についてである。18～24歳の男女では「（結婚する）必要性を感じない」（43.5％），「仕事などに打ち込みたい」（37.0％）を理由として挙げる人が多いのに対して，25～34歳の男女はともに「適当な相手にめぐり会わない」（46.5％）が最も多い理由となっている。この結果から，若者の間では，かつてのような「結婚適齢期」という意識は薄れてきており，年齢にこだわらず納得のいく相手を探して結婚しようと考える者が増えてきているといえる（内閣府「若年層の意識実態調査」2003年）。

また，結婚（婚姻）そのものにこだわらない「非婚」傾向の増加にも注目する必要がある。こうした傾向の背景には，結婚や子育てに伴う人間関係や負担等に拘束されずに，一人の人間として自立した生活や人生を志向したいという価値観が存在すると考えられる。これは，若年層（20～34歳）が考える「結婚の不利益」について，「やりたいことが制約される」「自由に使えるお金が減る」「家事・育児の負担が増加する」「親戚との付き合いがわずらわしい」が上位に挙げられたという調査結果にも裏づけされる（内閣府「若年層の意識実態調査」2003年）。

（3） 女性のライフコースと家族

日本女性の年齢別労働力率をみると，子育て期にあたる30～34歳に就労を中断する「M字型曲線」を描いている（図・表1-2）。

近年，晩婚化により，30歳代前半の未婚女性が増えたため，日本女性のM字型就労の底が上昇してきている。これは，乳幼児をもつ母親の就労率が上昇し

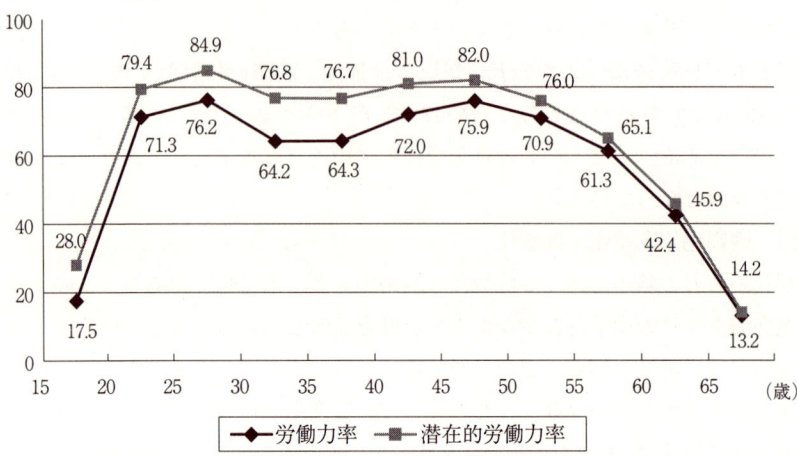

図・表1-2　年齢階級別女子労働力率・潜在的労働力率の推移

（資料：総務省統計局「労働力調査年報」2007より）

たからではなく，30歳代前半の未婚女性が増えたためである。女性の職場進出が進み，2000（平成12）年には，全雇用者の40％を女性が占めているにもかかわらず，乳幼児をもつ女性の就労率は，伸びないどころか10年前よりもわずかに低下している。

　しかし，育児期の女性の就労意欲は低くない。「現在働いていないが働きたい」と考える女性を含めて就労カーブを描くと，M字型ではなく台形型となる（図・表1-2）。つまり，子どもが乳幼児期には，働きたくても働けないのが現実であり，多くの女性にとって就労と子育ては，二者択一の選択となっているといえる。

　また，出産・子育てによる就労中断が女性にもたらす影響についても考える必要がある。女性の高学歴化や男女の賃金格差の縮小によって，就労中断による所得の逸失額も大きくなってきている。

　このような状況から，若い夫婦の出産の先延ばしや出生数の減少は，就労と育児の両立が困難ななかで，経済的にも仕事上のキャリア形成のためにも，できるだけダメージの少ない時期や子ども数を考慮した結果と考えられる。

(4) 離婚の増加

　厚生労働省の人口動態統計によると，離婚件数は，1955(昭和30)年の7万5,000組から増加し続け，1983(昭和58)年に17万9,000組で最大となった。それ以降，1990(平成2)年まで漸減ないし横ばいで推移してきたが，1991(平成3)年から再び上昇に転じ，この3年は減少して，2006(平成18)年には約26万組となっている。

　この結果，母子家庭や父子家庭といったひとり親家庭は増加の傾向にあり，厚生労働省の「国民生活基礎調査」(2006年)によると，全国の母子世帯数は78万8,000世帯，父子世帯数は8万9,000世帯[1]であり，前回調査の1998(平成10)年度よりも，それぞれ28.3％，6.4％の増加となっている。

　さらに，近年では，離婚の大きな要因でもある夫の暴力（DV）から逃れてくる母子への援助も社会問題となっている。

3　求められる子育て支援

1．子育て家庭が抱える問題

(1) 育児不安

　育児不安の専門的定義はいまだみられないが，川井（1997）は，育児不安について「①育児への自信のなさ，心配，困惑，②子どもへのネガティブな感情，攻撃，衝動性」と2つの心性に分け，双方の共通点として「母親としての不適格感」を指摘している。

　小児科かかりつけ医を対象に行った調査（2003年）によると，母親が乳幼児期に育児不安について相談してくることが「多い」「時々ある」で81％を占めた。相談内容としては，子どもの「体重や身長」「食事や排泄」「性格や癖」の順に多かった。

1：「国民生活基礎調査」では，母子世帯・父子世帯（ひとり親家族）を，死別，離別その他の理由（未婚の場合を含む）で，現に配偶者のない65歳未満（平成8年以前は20歳以上60歳未満）の女（男）（配偶者が長期間生死不明の場合を含む）と20歳未満のその子（養子を含む）のみで構成している世帯と定義している。

また，仕事をもつ女性よりも専業主婦のほうが育児に自信がなく，ストレスが強いことが明らかになっており，「育児の自信がなくなる」「自分のやりたいことができなくて焦る」「なんとなくイライラする」の3つの項目において，専業主婦が仕事をもつ女性よりも高ポイントになっている。

これまで，保育を中心とする子育て支援は「働きながら子育てする女性の支援」という観点を主軸に展開される傾向が強かったが，専業主婦のニーズも的確にとらえた支援が今後は必要である。

(2) 父親不在

核家族世帯において，妻が最も頼りにしているのは夫（子どもの父親）であろう。父親の育児参加が母親の育児ストレスを軽減したり，子どもの発達にも好ましい効果をもたらしたりすることは，多くの先行調査によって報告されている。

しかし，日本における父親の育児・家事への参加・協力度は，まださほど高くない現状にある。育児期にある共働き夫婦の1日あたりの育児・家事時間をみると，妻が5.03時間であるのに対して，夫はわずか0.43時間である（総務省「社会生活基本調査」2006年）。

父親の育児参画を困難とする要因としては，遅い帰宅時間，長い通勤時間，社会全体として男性の家事労働への参画の必要性が十分認識されていないこと等が挙げられる。

日本においても，男女共同参画社会がうたわれ，女性の職場進出が増加したが，家庭内においては，いまだ性別役割分業の価値観が根強く残っているといえる。母親に子育てにかかる負担が偏りがちである，という現状をふまえた子育て支援が求められる。

2．社会的養護を必要とする家庭

(1) 子ども虐待

近年，子ども虐待による死亡や傷害事件がマスコミ等で頻繁に報道されている。児童相談所における虐待相談処理件数は年々増加の一途をたどっている。これは単に「虐待が増えた」ことを示すものではなく，子ども虐待に関する人々の意識が高まり，通告件数が増加していると理解したほうがいいだろう

図・表1-3　虐待関係の相談処理件数の推移

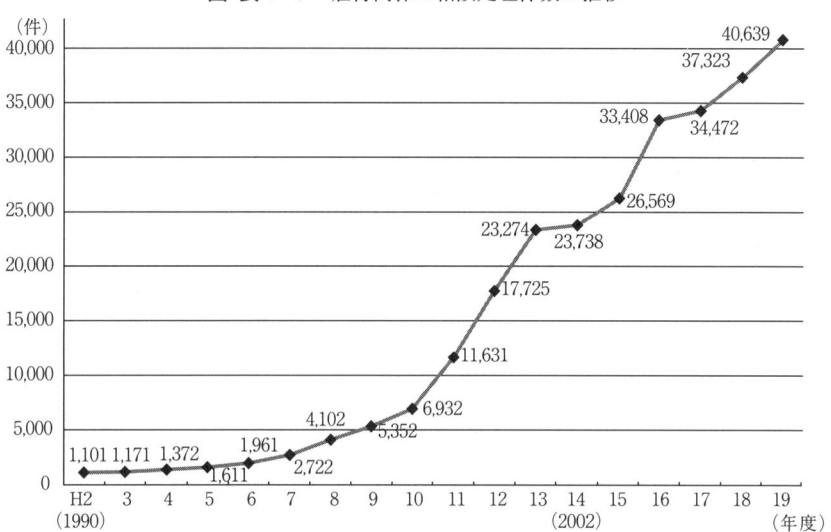

（資料：厚生労働省「社会福祉行政業務報告」2007より）

（図・表1-3）。

子ども虐待（児童虐待）については，「児童虐待の防止等に関する法律」において，以下のように定義されている。

① 児童の身体に外傷が生じ，又は生じるおそれのある暴行を加えること（身体的虐待）
② 児童にわいせつな行為をすること，又は児童をしてわいせつな行為をさせること（性的虐待）
③ 児童の心身の正常な発達を妨げるような著しい減食又は長時間の放置，その他の保護者としての監護を著しく怠ること（ネグレクト）
④ 児童に著しい心理的外傷を与える言動を行うこと（心理的虐待）

厚生労働省雇用均等・児童家庭局総務課の統計（2007年）によると，4つの虐待種別のうち，最も多いのは「身体的虐待」，以下「ネグレクト」「心理的虐待」「性的虐待」の順となっている。

また，子ども虐待として相談・通告されたケースのうち，施設入所や里親委託といった親子分離がなされるものは合計で13％弱であり，約8割が「面接指

導」という子どもを在宅に残したままの指導・援助が行われている。

　子ども虐待は，実母によるものが62.8％と最も多く，次いで，実父22.0％となっている。つまり「継子いじめ」といわれるものよりも，血縁関係にある親子の間で子ども虐待が多く発生していることも忘れてはならない。

　子ども虐待は，虐待された子どもにも加害者である親にも，深い心の傷を残すことになる。虐待家族に対応・介入する際には，子どもの権利擁護と同時に，親子関係の再構築やその後の発生予防等も視野に入れた支援が必要である。

（2）ドメスティック・バイオレンス（配偶者等からの暴力）

　ドメスティック・バイオレンス（domestic violence：DV）とは，夫やパートナーから向けられる暴力（心理的な苦痛を与えることを含む）のことを意味し，1970年代に欧米において，女性解放運動の高まりとともに取りあげられるようになった。DVの背景には，男性優位・女性従属の社会構造や慣習があると指摘された。近年では，少数ではあるが女性から男性へのDVも発生している。

　DVが，子育て家庭における子どもに与える影響も大きい。夫によるDVから逃れるために，**福祉事務所**や**婦人保護所**を通じて緊急保護を求めてきた母子を，**母子生活支援施設**や民間の緊急避難所（シェルター）等で保護するケースは少なくない。

　また，内閣府男女共同参画局の「配偶者等からの暴力に関する調査」（2003年）によると，配偶者から暴力を受けた際，「だれにも相談しなかった」が，男性68.7％，女性42.1％にものぼる。このことから，DV被害者にとって，暴力を受けた事実を打ち明けることの困難さ，相談できる資源の少なさがうかがえる。

（3）障害のある子どもと家族

　障害のある子どもは，身体障害児と知的障害児に大別される。

　障害児のための児童福祉サービスの詳細については後述されているのでここでは割愛するが，身体障害児，知的障害児いずれも，入所施設利用者よりも在宅で生活する子どものほうが圧倒的に多いことが特徴であり，養育支援のための在宅サービスの充実が重要である。また，わが子に障害があるということは，親・家族にとって，ほとんどの場合，予期せぬ出来事である。障害が告知されたときの家族の驚きや不安は計り知れない。障害のある子どもとその家族を支援する際には，こうした感情に深く共感していく姿勢が必要となる。

法律上の「障害児」には含まれないが,「情緒障害児」についても,ここで触れることにする。「情緒障害」とは,心理的・情緒的・行動上の問題を示す状態であり,生得的な障害というよりは,家庭や学校等における人間関係の問題に起因するものである。したがって,情緒障害児やその家族を支援する際には,こうしたことに十分配慮することが必要になる。

トピックス1：次世代育成支援対策とワーク・ライフ・バランスの実現

　「ワーク・ライフ・バランス」とは,仕事と生活との調和という意味で,長時間労働の解消策や少子化対策としても注目を集める考え方である。具体的には,在宅勤務制度やフレックスタイム制度など,柔軟な働き方の導入や長期休暇の取得促進,仕事と子育ての両立支援などの充実が重要であることを強調する趣旨となっている。

　先駆的な事例の1つとして,佐賀県の取り組みを紹介する。ここでは,子育てや介護,自己実現などに通勤時間を充当することによって,職員の生活を充実させる「在宅勤務制度」を2008（平成20）年1月から試行し,2010年度からの本格導入をめざしている。都道府県職員の在宅勤務制度は,日本で初めての取り組みである。

　この制度の試行対象職員は,①小学校就学前児の養育,②学童保育利用児の送迎,③親族の介護,のいずれかを事由として制度利用を希望する者で,半年間の試行を2回実施,本格導入時には上記の条件を撤廃し,希望者には在宅勤務を認める方向で検討している。

　勤務開始と終了時刻については,電話またはメールにて所属長に報告する。

情報流出を防ぐため，パソコンは県から職員に貸与し，インターネットから県庁の構内情報通信網（LAN）に入って仕事を行う。ネット接続料や電気代は，職員負担となる。

　私生活に不安やストレスがあると仕事に集中できず，能力を充分に発揮することが難しくなる。長期にわたって意欲的に働き続けるためには，仕事と私生活のバランスをとることが大切になるだろう。これまでの「働き方」「働かせ方」を見直し，「しっかり働き，しっかり休む」といった姿を子どもたちに示していくことも，次世代育成支援対策の一つといえよう。　　　　（伊藤嘉余子）

演習問題

A. 現在の少子化を招いた要因として考えられることについて，できるだけ具体的に挙げてみよう。
B. 子育て中の家族が直面する課題として，どのような内容が考えられるか，できるだけたくさん書き出してみよう。
C. もしあなたが保育士として，子育て中の親の相談に対応するとしたら，特に，どのような点に配慮して相談にあたるか考えてみよう。

2章 児童福祉の意義と理念

本章では，まず1節で，児童福祉の定義やその営みを構成する4つの要素，すなわち，現状，理念，制度，方法の相互関係について理解する。
続いて2節で，児童福祉の各種ニーズと社会の動向との関係について把握し，3節で，子どもという存在の特性と，それゆえに必要とされる社会的配慮について5点を提示して考える。
4節では，子どもの発達的特徴と児童福祉に必要とされる視点について概観し，続いて5節においては，児童福祉の理念について子どもの権利保障と子育て支援を軸に解説し，さらに，児童福祉の新しい方向性について考える。最後に6節で，保育士が児童福祉を学ぶことの意義について考える。

1 児童福祉とはなにか

1．児童福祉の定義と構成要素

　まず，最初に，児童福祉とはいったいどのような営みをさすのか考えてみる。児童福祉とは，簡潔にいえば，「理念的には人格主体として理解されながら，実際には，自分たちの立場を主張したりそれを守ったりする力の弱い子どもを，その保護者とともに，国，地方自治体及び社会全体が，その生活と発達，自己実現を保障する活動の総体をいう」と定義できる。
　また，児童福祉は，「子どもや子育てのおかれた現状を視野に入れ，児童福祉の理念に基づき，児童福祉の目的とその方策を法令等に基づいて制度化し，

その運用ルールを示したもの，及びそのルールに基づいた機関・施設の運営や具体的実践行為（方法）の体系である」と考えることができる。すなわち，児童福祉は，「現状，理念，制度，方法」の4つを，その要素として成立する営みであるといえる。

たとえば，保育所における日々の保育は，「子育てと仕事の両立を願う人々や子育ての孤立化などの現状をふまえ／親の仕事と子育ての両立や育児負担の軽減，子どもの豊かな発達・福祉の保障を理念として／認可保育所制度という制度や保育所保育指針等の法令に基づいて／適切な保育所の経営・運営のもとで，一人ひとりの子どもに対して提供される保育という専門的行為」によって成り立っている。したがって，児童福祉を語る場合には，常にこの4つを視野に入れていくことが必要である。

2．児童福祉から子ども家庭福祉へ

なお，最近では，「児童福祉」の用語に代えて「**子ども家庭福祉**」という用語が用いられることが多くなっている。子ども家庭福祉の概念は，子どもを直接のサービスの対象とする児童福祉の視点を超え，子どもが生活し成長する基盤となる家庭をも福祉サービスの対象として認識していこうとする考え方のもとに構成された概念である。

1990（平成2）年に，全国社会福祉協議会の児童家庭福祉懇談会の提言『児童福祉から児童家庭福祉へ』で最初に用いられた。その後，「児童」より権利行使の主体とのニュアンスをもつとされる「子ども」へと表現を変え，「子ども家庭福祉」と表現されるようになった。

そこには，従来の救貧的な福祉観から，権利の保障と自己実現を重視した福祉観への転換をみてとることができる。子ども家庭福祉に含まれる特徴については5節に述べているので参照してほしいが，本書においては，「児童福祉」という用語を「子ども家庭福祉」とほぼ同義で用いることとしている。

3．児童福祉の具体的内容

児童福祉の対象は大きく，子ども，妊産婦や子育て家庭，子どもと子育て家庭が暮らす地域社会や社会そのもの，の3つである。

まず，子どもたちが暮らす，この社会のありように注目しなければならない。現代社会は，今，さまざまな価値観のゆらぎのなかにある。その社会のなかでの子どもたちや子育て家庭の暮らしの実情について，正確に理解することが求められる。社会のありようや社会全体が向かっている方向について目を配ることが必要とされる。

　次に，子どもの育ちの実情についての正確な理解が求められる。現代社会における子どもの実情や子どもの発達についての正確な理解である。さらに，地域における子育ての実情及び子育てをしている親たちの生活の実情についての正確な理解が求められる。そのうえで，前述したとおり，児童福祉の理念，制度，方法が語られる。

　まずは，「理念」について検討が必要とされる。わが国においては，具体的には，**児童の権利に関する条約（子どもの権利条約）**や**児童福祉法**第1-3条，**児童憲章**などがあり，さらには，近年の児童福祉改革を導く理念について把握することが求められる。それは，社会的存在としての子どもの尊厳性及び平等，自己実現を理念とするウエルビーイングの実現をめざすことであるといえる。

　続いて，「制度」は，これらの理念に基づいて児童福祉法を中心とする各種の法令及び財政により構成される。保育，子育て支援（経済的支援を含む），健全育成，母子保健，障害児福祉，要養護児童福祉・虐待防止，非行・情緒障害児福祉，ひとり親家庭福祉（寡婦福祉を含む）等の各種サービスが体系化され，市町村，福祉事務所，児童相談所，保健所，市町村保健センター，児童委員・主任児童委員のほか，20種類に及ぶ児童福祉施設がそれらを支えている。保育士も，こうした機関・施設で児童福祉を担う重要な専門職として制度化された。

　こうした制度に基づく多様な供給主体による公的なプログラムのほか，非営利団体等によって提供される自発的なプログラム，地域住民，友人関係等のネットワークによる相互扶助活動，企業等によるビジネスや社会貢献活動なども重要な活動を展開している。

　児童福祉を支える専門職としては，児童相談所専門職員である児童福祉司や児童心理司のほか，児童指導員，保育士，児童厚生員等の各種の専門職員がある。これらの専門職が，児童福祉問題の特性ごとに，各種ソーシャルワークや

ケアワーク，心理学的援助，訓練等を展開しているのである。これが児童福祉の「方法」を構成している。

2 児童福祉ニーズと配慮

1．児童福祉ニーズの諸相

　児童福祉の具体的援助，サービスは，社会的存在である子どもや，子どもを養育・育成する営みである子育てを主として担う親（保護者）の具体的生活ニーズから始まる。それはまた大きく，子ども自身の特性から生ずるニーズ，親（保護者）の特性から生ずるニーズ，子どもの生活環境から生ずるニーズ，子育て環境から生ずるニーズ，に大別される。

　このようなニーズは，時代が変わっても続いていくものと，時代とともにその態様が変わっていくもの，時代の変化とともに新たに生ずるものとがあり，社会全体の変容について常に視野に入れておくことが必要である。

　近年の社会における人々の人間関係に対する態度をひと言で表現すると，つながり，ソーシャルキャピタル（社会関係資産）[1]の喪失と倫理観の欠如ということになるだろう。それは，現代の日本社会が陥っているもっとも重い病といってよい。

　こうした現代日本が抱える病は，出生率の継続的低下や子ども虐待の社会問題化という子どもを生み育てにくい社会をもたらした。そして，保育所入所児童数，放課後児童クラブ登録児童数の激増，放課後子どもプランの提唱といった子どもの抱え込みにもつながりかねない現象を生み出している。

　これにともない，子どもの発達・成長にまつわる具体的ニーズが表面化している。家庭や学校，地域における大人の子どもへの不適切な養育・かかわりはあとを絶たず，体罰やいじめもなくならない。地域社会においては子どもの遊

1：アメリカの政治学者パットナム（R.D.Putnam）による研究によって，1990年代以降，大きな関心を集めることとなった概念。人々の協調的な行動によって社会の効率性を高めることのできる，社会的信頼，互酬性の規範，ネットワークといった社会組織の特徴のことである。

び場の不足がみられ，また，有害なチラシの配布や第三者による子どもへの暴行なども続いている。地域における子どもの安心・安全が揺らいでいるのである。さらに，心ない大人によって子どもが性の対象にされ，また，子どもを消費者とみなすコマーシャルが氾濫し，その心をむしばんでいっている。

　現在，施設や里親のもとで生活せざるを得ない社会的養護を必要とする子どもたちは4万人に達しており，こうした子どもたちは，近年，増加の一途をたどっている。少年による凶悪犯罪をはじめとする，子どもの各種の心理・行動上の問題も顕在化している。このような現象は，子どもの人間関係の縮小化や希薄化，子どもの生きる力の低下といった現象と無縁ではない。子どもがストレスに耐える力を低下させ，心理・行動上の問題を引き起こしやすくしている。

　生きた体験の乏しさも深刻である。急速に進展した情報社会のなかで，子どもたちは，コンピュータゲーム等を通じて，本物ではない擬似体験として社会を知り，成長していく。こうした生活のなかで，人と人との生のふれあいも不足し，社会性や他者に対する共感性などが育ちにくいことも指摘されている。

　子どもは親にケアされながら育ち，自立し，やがて親となって子どもを育てる。育てられる存在が育てる存在となる「いのちの循環」が，そこにある。この悠久の昔から続けられてきたいのちの循環が，今，まさに，危機に瀕しているといえるのである。

2．社会の価値観のゆらぎと社会福祉の意義

　次に，このようなニーズの変容は，近年の種々の社会事象，社会問題をもたらす，以下の価値観のゆらぎを背景としている。
　①「集団」から「個人」へ
　②「保護」から「自立」へ
　③「供給者主体」から「利用者主体」へ
　④「集権」から「分権」，「公」中心から「規制緩和」へ
　⑤「隔離」から「ソーシャル・インクルージョン（社会的包摂）」へ
　⑥ 出生前診断，代理出産などの「倫理」への問いかけ
　⑦「私物的わが子観」から「社会的わが子観」へ
　こうした方向への価値観のゆらぎは，反面では，人々の孤立化と競争の激化

を生み出し，格差や社会的排除（ソーシャル・イクスクルージョン：social exclusion）を生み出していく。こうした事態に対して，**社会的包摂（ソーシャル・インクルージョン：social inclusion）**[2]の視点からの対策が求められている。

　少子・高齢社会の到来にともない，多くの人が当たり前のように福祉サービスを利用し，また，多くの人がこれまた当たり前のように福祉サービスの担い手となることのできる福祉の「普遍化」が求められている。しかし，また一方で，困難な生活問題を抱える利用者を長期にわたって支え，あるいはケアし，さらには専門的に支援する福祉の「専門化」も求められている。

　この福祉の「普遍化」と「専門化」という2つの課題を，現代社会のなかでどのように実現していくかが問われているのである。また，近年では，価値観の流動化のなかで生じてきた各種の生活課題と，現行のサービス提供体制や具体的サービスとのかい離が大きくなってきており，それらを埋める作業も求められている。児童福祉も，そのただなかにあるといってよい。

3　子どもの社会的特性と必要とされる配慮

1.「子ども」の社会的特性

　そもそも社会的意味における「子ども（期）」(childhood) の誕生は，そんなに古いことではない。なぜなら，中世以前においては，「成人」と区別される時期として，身体的に未自立な状態にある7歳頃までの「乳幼児（期）」(infantile) が存在したにすぎず，それ以降の年齢は，区別する必要がなかったからである。

　ところが，近世の印刷技術の発明及びその普及により，識字能力をもつ成人が優位にたち，学校において文字等の教育が開始されるようになった。それに

2：イギリス，フランスなどにおける近年の社会福祉再編の基本理念の一つであり，失業者，ホームレスなど社会的に排除されている人々の市民権を回復し，公的扶助や就労機会の提供等を通じて，再び社会に参入することを目標とする考え方のことである。

より，これまでの徒弟制度時代は7歳頃までとみなされていた子ども期が，「子どもが成人の領域の要求や責任を負わないですむ期間」として延長されることとなり，子ども期が誕生した経緯をもつ。

このように「子ども（期）」とは，生物的な概念であると同時に社会的な概念であり，主として社会的な必要により成人によってつくり出されてきた概念である，ということを忘れるわけにはいかない。したがって，子どもの存在が成人にとって脅威となれば，すぐにでも「子ども期」を縮小させる論議がわき起こる。すなわち，子ども（期）は成人の手のひらの上にある概念であり，成人の都合により，いつでも拡大・縮小できるものであると自覚しておく必要がある。

ちなみに，わが国における子どもの定義は，多くは18歳までか20歳までとされており，児童福祉においては，児童福祉法により「誕生から18歳未満」とされている。なお，現在，政府においては成人年齢に関する議論が始まっており，その動向に注目が必要とされる。

ところで，成人と子どもを社会的に分ける視点として，代表的なものに「自立」がある。自立には，個人的自立と社会的認知としての自立がある。個人的自立には，身体的自立と心理的自立，社会的自立がある。子どもが保護の対象とされているのは，子ども個人が未自立であるということのほかに，社会的認知としても自立の地位を与えられていないためである。この「未自立」という子どもの特徴は，社会，とりわけ児童福祉に携わる成人に対していくつかの社会的配慮を要請する。

以下に，代表的な5点を取りあげることとしたい。

2．子どもの特性と社会的配慮

（1）監護性

監護性は，主として低年齢の子どもの場合に，社会との関連で課題となる。民法第818条第1項に「成年に達しない子は，父母の親権に服する」，及び第820条に「親権を行う者は，子の監護及び教育をする権利を有し，義務を負う」とあるように，子どもは，第一義的には親権者の監護下におかれる。

親権者による監護が不可能または適切でない場合においても，その未自立性のゆえに，他の適当な監護者のもとにおいて養育されることが必要である。児

童福祉の各種サービスは，子どものこの特性に基づいて用意されているのである。

（2） 発達性

　子どもが日々発達する存在であることを念頭におくとき，子どもの発達に関する理解をぬきに対応することはできない。子どもの発達段階及び**発達課題**に応じた成人の対応が必要である。

　エリクソン（Erikson, E. H.）は，人間の発達は漸成的構造をもち，ある発達段階の発達課題の克服のうえに次の段階に進むという視点を示し，人間の発達段階と段階ごとの発達課題を提示している。

　子どもに対する成人の対応としては，こうした発達段階，発達課題の理解のうえに必要な環境を整備していかなければならない。また，いわゆる第一，第二反抗期に代表されるように，ある時期には，成人に対して自己主張をし，批判的であることが正常な発達段階の過程を踏んでいる証しになるということにも留意しなければならない。

　さらに，子ども自身の発達可能性に着目した場合には，子どもの発達を阻害する要因を取り除いたうえで「見守る」という対応も必要である。また，社会的学習という考えからは，成人による良きモデルの提示という観点も必要となってくる。このように，児童福祉を考える場合には，発達的視点を十分考慮していくことが必要である。

（3） 専門性—福祉ニーズの専門的把握—

　子どもの福祉ニーズは，通常，子どもの関係者，つまり保護者，教師，地域の人々，施設の職員等，子どもと深いかかわりをもつ成人の相談・通告という形をとって，子ども家庭福祉の場に持ちこまれる。したがって，そこには第三者のニーズ，つまり子ども本人の問題や福祉ニーズではない別の問題やニーズが介在することが多い。ときとして，それが子ども本人の問題や福祉ニーズと相反する状況を出現させる。

　つまり，相談・通告者が子どもの福祉ニーズの仲介者・代弁者ではなく，子どもの問題から生じた独自のニーズをもつ主体としてかかわってくることがよくあるのである。さらに，子どものニーズと相談・通告者のニーズとが二律背反的であって，その両方のニーズの充足が迫られるという事態もよくみられる。

したがって，児童福祉においては，これらの相談・通告を手がかりとしつつも，子ども本人の真の福祉ニーズについて専門的に探っていくことがどうしても必要となる。特に，子どもは自らの意見を言語で表現する力が弱い。そのため，社会調査等による社会診断，絵画や遊びの分析などの各種技法を用いての心理診断や医学診断などにより，子ども本人の福祉ニーズについて周到に把握していく専門性が必要とされる。

(4) 代弁性

さらに，(3)に述べた特性を踏まえ，保護者その他の関係者に対し，専門的に把握した子ども本人の福祉ニーズについて代弁していくことも求められる。この場合，子どもの福祉ニーズと保護者等のニーズが相反しているからといって，保護者等を責めるだけでは何も解決しないばかりか，かえって保護者等の反発や無力感を強め，子どもとの関係を悪化させてしまうことがあることにも留意しなければならない。

子どもの福祉ニーズをしっかりと把握し，それを保護者等にフィードバックしていくことは必要なことではあるが，同時に，保護者等のこうした感情をも十分受容し，保護者等と一緒になって解決策を探っていくことも必要である。

このように，児童福祉の場においては，子どもの福祉ニーズと保護者・関係者のニーズとの調整作業を行っていくことが求められる。また，制度においても，子どもの意見を成人が吸い上げることのできる制度的担保，たとえば，子どもの権利擁護機能等が必要となる。

(5) 保護性

すでにみてきたように，子どもは心身共に未自立であるために，(1)で述べた「監護」以外にも一定の「保護」を必要とする。この保護は，生活レベルでも制度レベルでも必要とされ，日本国憲法をはじめ各種法令において，各種の子どもの保護規定が用意されている。

たとえば，憲法においても，第26条の「能力に応じて教育を受ける権利及び保護する子女に普通教育を受けさせる義務」，第27条の「児童酷使の禁止」等があり，また，民法，労働基準法等においても各種の保護規定が設けられている。さらに，児童福祉法等，子どもの保護自体を目的とする法律も定められている。児童の権利に関する権利条約にも，子どもの保護規定（「子どもの最善

の利益」の担保）がおかれている。

　このような保護規定については，一方では，当事者の権利性を阻害する面もあるため慎重に考える必要があるが，そうした面もあるとはいえ，子どもに関する保護規定をなくすことはとうていできない。

4　子どもの発達的特徴や保護者の生活の実情と必要とされる配慮

1．子どもの発達的特徴

　児童福祉を考える際，子どもの発達の視点をぬきにすることはできない。そのことは，子どもが日々発達する存在であり，その発達を保障し，もてる力を最大限に発揮できるようにしていくことこそが，児童福祉の主たる目標であることからも当然のことである。

　学問上の定義は発達心理学等のテキストにゆずるとして，2008（平成20）年3月に厚生労働大臣告示として公布された保育所保育指針の第2章は，発達について以下のように定義している。

　すなわち，「子どもの発達は，子どもがそれまでの体験を基にして，環境に働きかけ，環境との相互作用を通して，豊かな心情，意欲及び態度を身に付け，新たな能力を獲得していく過程である」とし，そのうえで特に大切なこととして，「愛情豊かで思慮深い大人による保護や世話などを通して，大人と子どもの相互の関わりが十分に行われることが重要である。この関係を起点として，次第に他の子どもとの間でも相互に働きかけ，関わりを深め，人への信頼感と自己の主体性を形成していくのである」と述べている。

　子どもの発達を概観すると，以下のとおりである。

（1）乳幼児期

　まず，乳児期においては，歩行や初語，固形の食物の摂取，睡眠リズムの獲得など，人として生きる基本的な技能を獲得し，保護者等の愛情ある接触により，自分や他人に対する基本的信頼感を獲得する時期であるといえる。

　続いて幼児前期（3歳頃まで）は，運動能力，言語能力などの発達がみられ，

また，排泄のコントロール，食事，着脱衣など基本的生活習慣の自立が始まり完成に向かう時期である。

情緒的には保護者等の愛情ある接触が基礎として必要であり，3歳頃になると，親がいなくても心のなかの親をもつことにより安心できる，いわゆる「**親表象の内在化**」（**情緒的対象恒常性**）[3]が達成される。そして，それとともに自我の芽生えがみられ，いわゆる第一反抗期が始まる。また，保護者等との安定した関係を基礎として，他の子どもたちとの交流も始まる。

幼児後期（4歳頃から6歳頃）は，身体発達，運動能力，言語能力，社会性の発達，基本的生活習慣の自立などにより行動範囲が家族を超えて拡大し，ごっこ遊び，構成遊びを中心として友達との交流が広がっていく時期である。また，自我の発達がみられ，自分自身を主張しはじめる。

(2) 学童期

続いて学童期（7歳頃から12歳頃）は，興味，関心が主として外界に向かい，知的活動，友人との種々の遊び，スポーツ等を通じて学力，社会性を発達させるとともに，価値観，他人との相互交流など，社会生活の基礎を学習する時期である。低学年から高学年にかけて大人の意味，比重が変化していき，また，他者認識や交渉方略など対人関係，コミュニケーションの基礎を習熟させる時期でもあり，いわゆる遊びこむことが必要とされる。また，親との垂直的な絆をもとにして，友人との水平的な関係を通して社会性を学ぶ時期でもある。この時期の課題が達成されていることが，次の思春期の基礎となる。

(3) 思春期・青年期

最後に，思春期・青年期は，第二次性徴の始まりとともに衝動の高まりがみられ，これまで外に向かっていた関心が再び内に向けられる。自我による衝動の統制，これまでの依存対象である親からの心理的自立，親友の獲得，自我理想・自我同一性の獲得，異性に対する愛情の獲得などが課題となる。心理的自立の家庭では，いわゆる第二反抗期といわれる不安定な状態を示すこともある。

3：M.マーラーの提唱した発達上の概念である。乳幼児が母親表象を記憶に内在化していく過程を研究し，乳幼児が，親が目の前にいなくても親の存在を心のなかに保つことができて安定できる，いわゆる情緒的対象恒常性を獲得していくまでの段階を「分離—固体化期」と呼び，乳幼児の対象関係の発達を解明した。

2．保護者の生活の実情

子育て家庭，保護者の生活の現状については，以下の点が指摘できる。

まず，社会の格差の進展が指摘されるなかで，女性就労の一般化と父親の長時間就労の実態が指摘できる。さらに，就業形態の多様化も，子育てやそれに対するサービスである児童福祉に大きな影響を与えている。また，しつけ，子育てに自信がない層が，調査のたびに増加している。こうした事態が，子ども虐待の増加，社会問題化の背景の一つとなっている。なお，離婚の増加とあいまって，ひとり親世帯の増加もみられている。

こうした現象から，保護者の就労状況の多様化が進み，家庭の養育基盤・機能が弱体化する傾向がみてとれる。加えて，地域のつながりの希薄化や倫理観の欠如が進行し，地域の安心・安全が阻害されている状況が指摘できる。

3．児童福祉に必要とされる配慮

以上の子どもの発達と保護者の生活実態を踏まえると，児童福祉には，以下の配慮が必要とされる。

まず，乳幼児期には，特に，**ライフコース**（life-course）[4]に応じた支援の重要性を挙げたい。共働き家庭，非共働き家庭，それぞれの具体的ニーズに応じた支援を幅広く用意することが求められる。特に，育児休業制度や保育サービスの充実は欠かせない。親になることは喜びである反面，子どもとともに暮らす生活を新たにつくりあげるという危機をはらんでいることにも留意し，たとえば，専門家とともに子育て支援プランを作成するなどの試みも考えていかなければならない。

さらに，子どもの成長をともに喜べる仲間や，気軽に相談に応じられる第三者や専門職（子育て支援者や保育士）の存在が必要である。障害や難病，ひとり親家庭など，特別なニーズをもつ親子への支援も必要である。

4：家族社会学の概念。家族の周期的な変化によって画一的にモデル化されていた，いわゆるライフサイクルに代わって，個々人の人生の多様性に着目した概念である。また，災難や病気など予想し得ない出来事にも目配りしつつ，人生行路をとらえる考え方及びその人生行路そのものをいう。

続いて学童期においては，仲間集団による自由な遊び，スポーツなどを通じて社会性を育てるとともに，教育環境の整備が重要である。また，豊かな放課後生活の保障や放課後児童クラブの充実も欠かせない。盗みや万引きなどの過ちが始まる時期でもあり，早期の相談支援体制の充実が望まれる。

思春期においては，不安定な時期であるだけに心理・行動上の問題が起こりやすく，専門的な相談支援体制が必要である。また，健全育成サービスがエアポケットとなっている部分でもあり，援助者のもと，自由に集える場の確保やボランティア，多様な人とふれあう体験等の拡充が必要である。性やいのちを大切にする教育も求められる。

青年期においては，若者に対する就労，自立の支援や出会いの場の確保，施設退所児童の自活や就職，職場定着のための各種支援も欠かせないであろう。

5 児童福祉の基本理念

1．子どもの権利保障

わが国の児童福祉の理念を明文化したものとして代表的なものに，児童福祉法第１条や**児童憲章**[5]がある。児童福祉法第１条は，
「①すべて国民は，児童が心身ともに健やかに生まれ，且つ，育成されるよう努めなければならない。　②すべて児童は，ひとしくその生活を保障され，愛護されなければならない。」と述べている。また，児童憲章は，その前文において，「児童は，人として尊ばれる。　児童は，社会の一員として重んぜられる。　児童は，良い環境の中で育てられる。」と簡潔に述べている。

これらの理念はすべて受動態の表現で貫かれ，いわば，子どもが社会から保護される権利を有することを物語っている。ここに示される児童福祉の基本的理念は，成人や社会は子どもを守り育む義務を有するというものである。

5：1951(昭和26)年５月５日の子どもの日に，内閣総理大臣が召集する児童憲章制定会議が制定・宣言した，わが国における児童の権利宣言。３条の総則と本文12条からなり，制定後50年を経た今も，わが国の児童家庭福祉の理念として重要な位置づけをもっている。

こうした考え方は、**子どもの最善の利益**[6]を保障しようとする成人の義務を強調したものであり、国際連合が1959(昭和34)年に採択した**児童の権利に関する宣言**[7]など、昔から国際的に共通してみられる基本的な理念である。

　ところで、1989(平成元)年11月に国際連合が採択した**児童の権利に関する条約（子どもの権利条約）**[8]は、こうした児童福祉の基本的な考え方を受け継ぎつつも、子どもも主体的に自分の人生を精一杯生きようとしている主体的な存在であるという、権利行使の主体としての子ども観を鮮明に打ち出した点において画期的なものとなっている。

　すなわち、子どもの意見表明、思想・良心の自由など成人と同様の権利を保障しようとし、成人の義務から派生する受動態の権利のみならず、子どもの能動的権利をも保障しようとするものである。わが国は、この条約を1994(平成6)年に締結している。

　ここに見るとおり、今後の児童福祉の理念は、子どもを受身的存在として保護するだけでなく、子どもの意見を聞き、そして、それを尊重しつつ、また、子どもの生存、発達及び自立に関する固有の権利を積極的に保障することにあるといえるのである。

2．子育て支援

　次いで児童福祉法第2条は、子育て支援の意義を次のように表現している。すなわち、「国及び地方公共団体は、児童の保護者とともに、児童を心身ともに健やかに育成する責任を負う」という条文である。

　もともと子育て支援は、歴史的には主として血縁、地縁型のネットワークに

6：子どもの最善の利益（the Best Interest of the Child）とは、児童福祉の根拠となる基本的でもっとも重要な概念である。児童の最善の利益の確保は、1924(大正13)年の児童の権利に関するジュネーブ宣言（国際連盟）以来、現在の児童の権利に関する条約に至るまで、世界の児童福祉の基本理念となっている。

7：1959(昭和34)年11月20日、国際連合第14回総会において採択されたものである。1924年に国際連盟が採択した児童の権利に関する宣言（通称「ジュネーブ宣言」）を引き継ぐ世界的宣言である。

8：1989(平成元)年11月20日、国際連合が採択し、翌年9月から発効した児童の権利に関する総合的条約である。前文と54か条からなり、18歳未満の児童が有する権利について、包括的・網羅的に規定している。現在では、世界のほとんどの国が締結している。

よって担われてきた。しかし，近年では，こうした従来の子育て支援ネットワークが弱体化し，それに代わるべき子育て支援事業，保育サービスなどの社会的子育てネットワークが求められるようになった。前述した子育ての現状が，その必要性に拍車をかけている。

　子育て支援とは，子どもが生まれ，育ち，生活する基盤である親及び家庭，地域における子育ての機能に対し，家庭以外の私的，公的，社会的機能が支援的にかかわることをいう。子育ての孤立化，閉塞化が叫ばれる現在，こうした活動は，今後，ますます重要になってくるといえる。

3．社会福祉の動向と新たな児童福祉の理念

　これらの基本理念に加え，今後，児童福祉の理念に求められてくる視点について，近年の社会福祉改革の動向から，以下に整理する。

　現在，社会福祉，児童福祉は改革の途上にある。主たる改革には，次のような内容が挙げられる。

① 社会福祉基礎構造改革
② 権利擁護（いわゆる児童虐待防止法，高齢者虐待防止法の制定など）
③ 障害者自立支援法の制定
④ ホームレスの自立の支援等に関する特別措置法や発達障害者支援法など制度の谷間にある人々に対する支援法の制定

前述したように，人々の孤立化と競争の激化が生み出す格差や社会的排除の問題に対し，ソーシャル・インクルージョンの視点からの対策も求められている。

　特に，社会福祉基礎構造改革をはじめとする各種の制度改革は，社会福祉の普遍化をもたらすこととなった。さらに，**社会福祉基礎構造改革**は，サービスの主導権を利用者に委ねることによって，福祉実践に内在する価値を顕在化し，強化することとなった。それは，必然的に，社会福祉の社会的使命への注目を導き出すこととなる。これまで，措置制度のもとで潜在化していた施設長や援助者の福祉観，人間観などが浮かびあがってくることとなったのである。

　その結果，社会福祉基礎構造改革は，サービスの担い手である社会福祉法人や社会福祉施設の社会的使命の重要性を引き起こすこととなる。つまり，サービスの先駆性，公益性，継続性・安定性の確保と，民間としての自律性，さら

には，制度の谷間の福祉問題に果敢に取り組む姿勢や，福祉社会づくりに対する具体的寄与が求められてくることとなったのである。

　こうした一方で，社会福祉法人，社会福祉施設の経営にも厳しい目が向けられるようになってきている。つまり，福祉経営の確立である。法令遵守がいわれ，福祉QC活動（福祉分野における業務改善のための手法を考え，それを実践に生かす活動）や苦情解決，リスクマネジメント，個人情報保護，第三者評価の受審と結果の公表などが，次々と求められてくることとなった。

　さらに，近年では，子ども家庭福祉サービスの展開に関しては，**男女共同参画やワーク・ライフ・バランス**の視点が重視されている。たとえば，2007（平成19）年12月には，ワーク・ライフ・バランス推進官民トップ会議において，「仕事と生活の調和（ワーク・ライフ・バランス）憲章」及び「仕事と生活の調和推進のための行動指針」が策定されるなど，仕事と生活の調和に関する政策も進められている。

4．これからの児童福祉に求められる方向
　　—児童福祉から子ども家庭福祉へ—

（1）これからの児童福祉の方向性

　こうした動向をふまえると，これからの児童福祉の新たな方向性は，以下の点にまとめることができる。

■「保護的福祉」から「支援的福祉」へ

　家庭や地域における子育て機能の低下に対応し，これからの児童福祉は，保護を必要とする子どもを保護し，保護者に代わって養育するという考え方から，子どもが生まれ，育ち，生活する基本的な場である家庭を支援することにより，親と子どもの生活や自己実現をペアで保障するという視点が必要とされる。

■「血縁・地縁型子育てネットワーク」から「社会的子育てネットワーク」へ

　女性の過重な負担，親族や地域の互助を前提にして成立してきた血縁・地縁型子育てネットワークから，男女が共同して子育てを行うことを可能とし，子育ての社会化，つまり，しくみを導入することによって，新たな社会連帯や男女共同参画に基づいた社会的子育てネットワークをつくりあげるという視点が必要である。

■「与えられる（与える）福祉」から「選ぶ（選ばれる）福祉」へ

　最低限度の画一的サービスから，さまざまなニーズに応えられるよう，多様な供給主体による多様なサービスを用意していくことに加え，サービス提供に当たって，説明と同意に基づく選択が可能となるような視点が必要である。

■「点の施策」から「面の施策」へ

　個を対象に，単一のサービスを，単一の供給主体により，単一の手法で提供する，いわゆる点の福祉から，複数（家族や地域）を対象に，複数のサービスを，複数の供給主体により，複数の手法（経済的支援，訪問，通所など）で提供する，面の福祉の視点が求められる。

■「成人の判断」から「子どもの意見も」へ

　子どもの最善の利益を保障するためには，これまでの大人，専門家の意見を重視した手法から，子どもの意見も積極的に取り入れたサービス決定手法に転換していくことが必要とされる。これは，子どもの意見尊重，決定に対する子どもの参加の保障につながるものであり，一人ひとりの子どもの最善の利益が，できるかぎり子ども自身の手によって実現していくことをめざすものである。

■「家庭への介入抑制」から「子権のための介入」へ

　子育てを，親族の情誼（よしみ）や地域社会の互助にゆだねて家庭に対する介入を控える考え方から，「親権や私権に公権が介入することによって生ずる問題よりも，子権を守ることのほうが大切」といった，子どもの生命や権利を守ることを重視する視点に転換していくことが求められる。

■「(保護的)福祉（welfare）」から「ウエルビーイング（well-being）」へ

　これまでの救貧的なイメージをともなう保護的福祉を脱却して，より積極的に人権を保障し，自己実現を保障するウエルビーイング[9]の視点に立脚した児童福祉を実現していくことが必要とされる。

(2) これからの児童福祉の座標軸

　また，これからの児童福祉の理念に深くかかわる座標軸は，3つある。1つは，「子どもの最善の利益」であり，2つめは，それを保障するための「公的

9：ウエルビーイング（well-being）とは，世界保健機関（WHO）憲章において「身体的，精神的，社会的に良好な状態にあること」を意味する概念である。児童福祉においては，個人の権利保障や自己実現をめざす目的概念として用いられている。

責任」である。そして，3つめは，人と人とのゆるやかなつながりをめざす「**社会連帯**」である。これに，市場に基づくサービス供給体制の多元化をどのように組みこんでいくかが検討課題となる。つまり，公助，共助，自助の最適ミックスを考えることがもっとも必要とされているのである。

　児童福祉において，子どもの最善の利益を図る公的責任は必須である。そのことは，近年の子ども虐待問題の深刻さをみれば明らかである。しかし，その一方で，公的責任のみが重視されることは，人と人とのつながり，社会連帯の希薄化をますます助長することとなり，公的責任の範囲は限りなく拡大していくこととなる。また，公的責任の下に置かれている子どもの存在を，社会全体の問題として考える素地を奪ってしまうことにもつながる。

　これからの児童福祉の理念は，①「子どもの権利保障」と「子育て支援」を根幹にすえながら「子どもの最善の利益を図る公的責任」の視点，②「社会福祉における利用者主権，サービスの普遍性」確保の視点，③「社会連帯による次世代育成支援」すなわち，つながりの再構築という視点，の3つを整合化させるという困難な課題に立ち向かっていかなければならないのである。それだけに，児童福祉の理念を問うことは，まさに，この国や社会のあり方そのものを問うこととなると自覚しなければならない。

6　保育における児童福祉

1．保育とはなにか

　ところで，保育という営みは，どのようにとらえられるであろうか。児童福祉法第18条の4によると，保育の担い手である保育士とは，「登録を受け，保育士の名称を用いて，専門的知識及び技術をもって，児童の保育及び児童の保護者に対する保育に関する指導を行うことを業とする者をいう」とされている。すなわち，保育とは，保育士が行う営みとして規定されている。

　この規定によると，保育士が行う広義の保育という行為には，子どもに対する**保育**と保護者に対する支援（**保育指導**[10]）の両者が含まれている。つまり，

保育という営みは，子どもの発達・権利保障と保護者支援の両者を含んでいると考えることができる。

このことを受け，特に保育所に勤務する保育士には，保育に関する相談・助言を行うための知識及び技能の修得，維持及び向上に努める義務も法定化されている。保育士養成課程にも，家族援助論や社会福祉援助技術（演習）など，子育て支援をねらいとした科目が含まれている。このように，保育士は子どもと保護者に対する保育援助を行う専門職であるといえ，保育という営みは親と子の育ちの社会的支援として理解することができるのである。

さらに，保育とは，児童福祉法第39条の保育所の規定にみられる「保育する」という表現に代表されるように，児童福祉における具体的実践行為（方法）の体系であるとも考えられる。保育所保育指針によれば，保育所における保育は，養護と教育が一体化した概念として理解されている。また，一方では，学校教育法第22条における幼稚園の規定において「幼児を保育し，……」と述べられているように，幼児教育にかかわる概念としても使用されている。

つまり，保育という用語は，広義には18歳未満の児童とその保護者の発達・養育支援の営みをいうと同時に，狭義には，就学前保育・幼児教育において営まれる制度・政策並びに具体的実践行為の体系をさし，養護と教育が一体化した概念としても用いられているのである。今後，こうした多様な意味を有する「保育」という用語については，改めて整理することが必要と考えられる。

2．保育における児童福祉

このように，保育とは，制度的には児童福祉の一分野であり，かつ，援助方法的には，児童福祉援助方法における**ケアワーク**の体系に属する援助体系であるということができる。また，就学前保育を念頭におけば，保育とは就学前の子どもの発達を保障する保育，教育等の営みであり，児童福祉は，それを側面

10：保育指導について，保育所保育指針解説書（2008）は，「子どもの保育の専門性を有する保育士が，保育に関する専門的知識・技術を背景としながら，保護者が支援を求めている子育ての問題や課題に対して，保護者の気持ちを受け止めつつ，安定した親子関係や養育力の向上をめざして行う子どもの養育（保育）に関する相談，助言，行動見本の提示その他の援助業務の総体」と定義している。

から支援する援助体系であるといえる。したがって,「保育における児童福祉」の意義とは,保育という制度・実践の体系がより充実したものとなるように,他の児童福祉の制度・実践を有効活用することであるといってよい。

　子どもや子育ての福祉的問題は,通常,さまざまな要因が重なって生じてくることが一般的である。たとえば,虐待が繰り返される家庭においては,経済的な問題や就労問題,病気や人間関係のトラブル,周囲からの孤立など,同時に多くの問題を抱えている場合が多くみられる。

　一方,援助を行う機関は,それぞれ固有の機能と限界をもっている。このため,1つの機関・施設だけでは有効な援助が行えない場合が多くなっている。たとえば,被虐待児童に対して保育所として支援を行っている場合でも,保健師による訪問援助,医療機関や児童相談所への通告,親の就労に関する援助などが求められてくる場合も多い。このため,児童福祉の制度体系,関係機関のはたらきに関する知識や**社会福祉援助技術**（ソーシャルワーク：social work）の知識・技術について,ある程度習熟しておくことが求められるのである。

　主として子どもの育ち・子育てを支援する関係機関・施設,社会資源には,たとえば,児童相談所,福祉事務所（家庭児童相談室）,市町村児童家庭福祉主管課,各種の児童福祉施設,児童委員（主任児童委員）,保健所・保健センター,医療機関,教育委員会,学校,教育相談所・教育センター,適応指導教室,警察,少年サポートセンター,民間相談機関,弁護士など,多彩な機関・施設がある。児童福祉の現場において保育活動を有効に展開するためには,こうした機関・施設の機能や児童福祉サービスの提供体制,サービスの具体的内容について理解しておくことが求められる。

　すなわち,保育という営みがよりよく行われるためには,児童福祉に関する基本的知識・技術の修得が欠かせないものとなる。保育士養成課程において児童福祉が必修とされているのは,このような理由に基づいているのである。

トピックス2：全国保育士会倫理綱領

　全国の保育所保育士・保育者の集まりである全国保育士会は，2003(平成15)年3月，下記に示す全国保育士会倫理綱領を採択した。これは，全国保育協議会によって，いわゆる保育所の倫理綱領として同時に採択され，保育所に働くすべての職員の倫理綱領ともなっている。倫理綱領は，保育士（者）が行う援助の共通原理，行動指標を示すものといえ，それは内部の規範であると同時に，外部に対する専門職としての決意表明ともいえるのである。　　　（柏女霊峰）

全国保育士会倫理綱領

　すべての子どもは，豊かな愛情のなかで心身ともに健やかに育てられ，自ら伸びていく無限の可能性を持っています。
　私たちは，子どもが現在（いま）を幸せに生活し，未来（あす）を生きる力を育てる保育の仕事に誇りと責任をもって，自らの人間性と専門性の向上に努め，一人ひとりの子どもを心から尊重し，次のことを行います。
　　私たちは，子どもの育ちを支えます。
　　私たちは，保護者の子育てを支えます。
　　私たちは，子どもと子育てにやさしい社会をつくります。
（子どもの最善の利益の尊重）
1．私たちは，一人ひとりの子どもの最善の利益を第一に考え，保育を通してその福祉を積極的に増進するよう努めます。
（子どもの発達保障）
2．私たちは，養護と教育が一体となった保育を通して，一人ひとりの子どもが心身ともに健康，安全で情緒の安定した生活ができる環境を用意し，生きる喜びと力を育むことを基本として，その健やかな育ちを支えます。
（保護者との協力）
3．私たちは，子どもと保護者のおかれた状況や意向を受けとめ，保護者とより良い協力関係を築きながら，子どもの育ちや子育てを支えます。
（プライバシーの保護）
4．私たちは，一人ひとりのプライバシーを保護するため，保育を通して知り得た個人の情報や秘密を守ります。
（チームワークと自己評価）

5．私たちは，職場におけるチームワークや，関係する他の専門機関との連携を大切にします。
　　また，自らの行う保育について，常に子どもの視点に立って自己評価を行い，保育の質の向上を図ります。

（利用者の代弁）

6．私たちは，日々の保育や子育て支援の活動を通して子どものニーズを受けとめ，子どもの立場に立ってそれを代弁します。
　　また，子育てをしているすべての保護者のニーズを受けとめ，それを代弁していくことも重要な役割と考え，行動します。

（地域の子育て支援）

7．私たちは，地域の人々や関係機関とともに子育てを支援し，そのネットワークにより，地域で子どもを育てる環境づくりに努めます。

（専門職としての責務）

8．私たちは，研修や自己研鑽を通して，常に自らの人間性と専門性の向上に努め，専門職としての責務を果たします。

社会福祉法人　全国社会福祉協議会
全 国 保 育 協 議 会
全 国 保 育 士 会

演習問題

　A．保育士が働く代表的な児童福祉施設である保育所における保育を例にとって，児童福祉の考え方やサービスが必要とされる事態を考えてみよう。

　B．児童福祉を構成する要素である子どもの育ち，子育ての現状とそれらをふまえた児童福祉の一つひとつの理念について，保育の現場にひきつけながら考えてみよう。

　C．子ども虐待が大きな社会問題となっており，児童福祉制度においては，子どもの虐待死をなくすため，家庭内に行政や社会が介入するしくみの整備が進められている。親の意に反して子どもが一時保護され，面会や手紙のやり取りが制限されることも多くなっている。こうした親権と子どもを守るための公権の介入の関係について，どのように考えたらよいのだろうか。みんなで討論してみよう。

3章 児童福祉の歴史的展開

本章では、わが国及び欧米における児童福祉の史的な歩みを振り返り、今日の児童福祉のあるべき姿と今後の課題について考察する。

日本の現代社会では、「子どもの権利・人権」という概念も広く浸透しつつあり、児童福祉に対する考え方も深まってきているといえるだろう。しかし、子ども虐待の増加や少子化の進行など、新たな問題も広がりをみせている。

現在に至るまでには、その時代ごとに、子どものために尽力した先覚者たちがいる。その思想や実践を、たどってきた歴史とともに学ぶことで、これからの児童福祉のさらなる発展を考えていく。

1 わが国における児童福祉の展開

1．近代以前の子どもの救済事業

（1） 古代における子どもの救済

古代の身寄りのない子どもを保護して養育した話としては、古くは、雄略（ゆうりゃく）天皇による478年頃の「ちいさこべむらじ」の話が、『日本書紀』に記されている。

また、593年に聖徳太子が四天王寺を建立した際、**四箇院**（しかいん）（敬田院、療病院、施薬院（せやくいん）、非田院（ひでんいん））が設けられたといわれている。敬田院は教化施設であり、療病院は病者を養う施設（病院）、施薬院では薬草を栽培し投薬を行い、非田院においては、棄児や孤児など子どもを含めた困窮者を混合収容していたとされる。

図・表3-1　不能自存の分類

鰥（かん）	61歳以上で妻のない者
寡（か）	50歳以上で夫のない者
孤（こ）	16歳以下で父のない者
独（どく）	61歳以上で子どものない者
貧窮，老疾	高齢者や傷病，障害者

　8世紀初頭（702年）に**大宝律令**が実施され，このなかでは，援助を必要とする者を「**不能自存**」（自分自身で独立した自立生活が困難な者）として，図・表3-1のように分類している。これらの者については，まず近親者が扶助し，それがない者については，「坊里」（区画された地域，町）で，「安恤」（救済）するようにとされている（安恤安養）。

　こうした古代において仏教が伝来し，困窮する子どもについても「仏の子」として慈悲・慈善の対象となり，仏教寺院や皇族，貴族の篤志家による私的な救済事業があったとされている。また，当時の子ども観としては，山上憶良の万葉集長歌・反歌にあるように，「子どもを何事にもかえられない宝」とする考え方もみられた。しかし困窮する民衆の生活のなかでは，子どもが遺棄されたり，口減らしのために子どもを殺す「間引き」をされたりすることも多くあった。

　また756年には，和気清麻呂の姉の和気広虫が，戦乱や疫病のために苦しむ棄児や孤児83名を，夫の葛木連戸主の戸に入れて養育を行った。これが，わが国における最初の児童収容施設といわれている。

（2）中世における子どもの救済

　中世においても悲田院での救済事業は細々と続いていたが，この期の救済事業としては，鎌倉時代に興隆した鎌倉新仏教に対するように，南都六宗による慈善活動がみられた。

　華厳宗の**高弁**（1173〜1232，**明恵上人**）は，貧窮者の救済を，律宗の**叡尊**（1201〜1290）は，非人やハンセン病患者，孤児などの救済や，殺生を禁ずることを説くなど庶民救済の活動を，それぞれ積極的に行った。同じく律宗の**忍性**（1217〜1303）は，叡尊に師事し，その事業を受け継いで，貧民，病人，

孤児などを助ける活動を行うと共に、ハンセン病患者救済施設である「北山十八間戸」を奈良に開いた。

また鎌倉期では、北条氏による救済事業が活発に行われ、特に、北条泰時は、明恵上人の「生類はすべて平等」であるとした救済に深く感化され、自ら質素な生活を旨とし、ぜいたくを戒め、飢饉などに対して積極的な救済を行った。

さらに室町時代になると、イエズス会士フランシスコ・ザビエルが1549年に鹿児島に上陸し、わが国最初のキリスト教の伝道を行った。その後、キリスト教の布教と共にキリシタンによる慈善事業が行われ、その範囲は、公益質屋などの救貧事業や施療、孤児や寡婦の保護活動などであり、戦乱やキリスト教の弾圧等のなかでの社会事業であった。

当時は、仏教による慈善事業が衰退しており、キリシタンによって行われたこうした事業は、この時代にあって特筆に値するものであった。特にイエズス会士ルイス・デ・アルメイダは、扶養できないために殺される子どもたちを救済するため、領主大友宗麟の援助も受けて、1555年には豊後（現、大分県）に育児院を開設した。さらに、1557年には総合病院も建設した。

（3） 近世における子どもの救済

江戸期に入り、1613年の「キリシタン禁令」によって、キリスト教に対する禁止・弾圧が強化され、キリシタンによる子どもの救済事業は途絶えた。江戸期における救済としては、「主として、自然災害から生ずる飢饉が最も大きなもの」であり、幕府と藩による搾取、さらに飢饉、天災害によって、大多数であった農民の生活は困窮を究めていた。このような状況のなかで、娘の身売りや、間引きが横行していた。

そのため、徳川幕府は、1687年には徳川綱吉が捨て子養育令を、また1690年には棄児禁止の布令を、1760年には間引き禁止令を出した。しかし、民衆の生活は困窮していたため、棄児や間引きが減ることはなかった。江戸期における乳幼児死亡率は圧倒的に高く、人口停滞は幕末まで続くこととなった。

ただし1764年、三春藩（現、福島県）では捨て子禁止を実現するため、貧民に対して幼児養育のための手当を与えた。このように、一部の藩では賢君政治もみられ、農民を中心とする民衆の救済が行われた。その他江戸期では、幕藩体制のなかで五人組制度が行われ、政治的に組織化された相互扶助組織がつく

られたが，そのなかでも捨て子の養育などが行われていた。

（4） 明治期における子どもと家庭に対する社会事業
■教育体制の整備

　明治維新によって，明治新政府による近代国家体制が進められた。子どもに対する施策としては，1874（明治7）年には学制が発布され，近代的な教育体制が整備されていった。特に教育体制の整備は，近代国家となるための富国強兵策の一環として政府も力を入れた。しかし，江戸期から明治期に移っても，依然，農村部は困窮する者が多く，間引きや堕胎する者も多かった。

　明治政府は，1871（明治4）年に，孤児や棄児に対する救済策として「棄児養育米規則」を制定し，1873（明治7）年には，三つ子を出産した貧困家庭に対して「三子出産ノ貧困者へ養育米支給方」を制定した。さらには，わが国最初の救貧法である「恤救規則（じゅっきゅう）」が1874（明治7）年に制定，公布された。

　しかし，この恤救規則は，**居宅救恤**（在宅者に対する救済）が原則であり，救済対象も，どこにも頼る身寄りのない「無告の窮民（むこくのきゅうみん）」のみであったため，極めて限定的な救貧制度でしかなかった。明治期においては，この恤救規則によって救済される者よりも，天皇・皇室が行う御下賜金（おかしきん）のほうが多いこととなっていった。

■子どもに対する慈善事業，社会事業

　明治期にも貧困のために孤児や棄児となる者も多く，間引きや堕胎もみられた。さらに，初期資本主義体制における子どもは安価な労働力として，若年労働が横行した。こうした保護や救済の必要な子どもに対する国家的な救済施策は，ほとんど整備されていなかったため，宗教的な心情や動機による個人篤志家による慈善事業，社会事業がその中心となった。

　この時代における代表的な子どもに対する慈善事業，社会事業としては，まず，孤児などを救済する事業が広がった。フランス人修道女ラクロットが設立した養育施設である**横浜仁慈堂（じんじどう）**（明治5年），岩上マキ等の日本人最初の育児施設である浦上養育院（明治7年），仏教各宗徒によって設立された**福田会（ふくでんかい）**（明治9年），プロテスタント・クリスチャンであった石井十次（いしいじゅうじ）が設立した，わが国における先駆的なモデルともなった施設である**岡山孤児院**（明治20年），などの施設が有名である。

図・表3-2　岡山孤児院十二則

1）家族制度	子ども10人ほどの小舎制。家族ごとの個性ある生活を尊重する
2）委託制度	養育の困難な年少（6歳以下）の虚弱児・乳幼児を，農家に里子に出す
	10歳以上の子どもは，職業の見習いを含めて商店主や工場主などに委託する
3）満腹主義	十分な食事は，情緒の安定につながるとして，満腹感を味わわせる
4）実行主義	職員の積極的な養育姿勢を促す
5）非体罰主義	子どもに体罰を与えない
	子どもに自分の行動・行為に対して考えさせる
6）宗教主義	子どもに祈りを強制はしないが，宗教心の涵養を強調する
7）密室教育	子どもの日常生活のなかで，悪行は，人前で指導を行わないで，子どもと静かに話し合う
8）旅行教育	さまざまな生活体験を重ねるために，小グループで旅行させる
9）米洗教育	子どもの養育は米を洗うのと同じで，幾度も洗うと澄んだ水になる
	子どもも一か所に集め，まぜているうちに天真の特質を発揮する
10）小学校教育	幼年期は遊ばせ，10歳から尋常小学校で普通教育を受けさせる
11）実業教育	子どもに適した，また本人の希望に応じた職業技術を習得させる
12）托鉢主義	施設経営は，民間の寄付により賄う

[石井十次における岡山孤児院の実践]

　石井十次は，岡山甲種医学校で学んでいる途中に受洗し，キリスト者となった。石井は，在学中に，困窮する女性遍路の子どもを預かる体験や，岡山の郊外に住む魚屋夫妻が，コレラの流行によって海岸に逃れてきた幼い兄妹を養育する姿に感動するなどの体験を通して，自分は困窮する子どもの「父」となり，養育と保護をすることが天職であると確信した。そして，1887年に岡山孤児院を創設した。

　石井の実践の理念的な背景には，キリスト者としての宗教心と共に，ルソーの「エミール」にみられる自然と子どもの共生的な教育観があった。また，当時イギリスで先駆的な養護実践を行っていたバーナード博士によるバーナードホームの小舎制養護などの影響を受け，独自の養育論としての「岡山孤児院十二則」を実践した。この十二則では，施設の基本的な運営の方法や理念を「主義」とし，具体的な援助・養育方法を「教育」としている（図・表3-2）。

　こうした石井の実践は，倉敷紡績社長の大原孫三郎による支援などもあったが，国からの補助はほとんどなく，また一般的な社会理解もないなかで始められた。しかし，理念的にも，実践の質としても，当時，日々の食にも困窮し，子どもの労働によって収入の一部とする施設も多いなかで，特筆に値するものであった。石井の

岡山孤児院は多くの賛同者を生み，社会的養護の意義を世間に知らせた大きな実践であった。

■非行少年に対する感化事業

　明治期では，非行少年に対する感化事業も拡大をみせた。当初の感化院は，良風美俗を乱す者に対して，保護と教化を行う社会防衛的な考え方が強かった。しかし，次第に感化事業とは，非行をした子どもに対しては大人とは違い，懲罰するのではなく，非行を起こすまでの子どもの家庭環境や家族関係，教育の有無などの要因などを考えるようになった。つまり，子どもの更正に向けて援助や保護，教育を行うことで「感化」することを目的とするものとなったのである。

　施設としては，大阪で池上雪枝による池上感化院（明治17年），高瀬真卿による東京私立感化院（明治18年）があり，さらにその後の感化院，教護院（現在の児童自立支援施設）のモデルともなった，留岡幸助による家庭学校（明治32年）が有名である。

　感化事業については，1900（明治33）年，国は「感化法」を制定し，各道府県に感化院の設置が義務づけられ，子どもに対する社会事業としては，最初に法律的な裏づけをもつ救済事業として位置づけられた。

[留岡幸助の家庭学校の実践]

　1864年に岡山に生まれた留岡幸助は，石井十次の洗礼を行った牧師，金森通倫らの影響を受け，自らも17歳でクリスチャンとなった後，22歳で同志社神学校に入学した。そこで，新島襄やラーネット教授などから薫陶を受け，卒業後は監獄改良や社会事業の道に進むことを決めた。

　その後，北海道・空知集治監の教誨師となり，収監されていた囚人と接するなかで，その多くが子ども期に悲惨な家庭生活や環境を過ごしたために，少年時代から犯罪に手を染めるようになっていったことに気づく。そして，これを防ぐためには，少年期における感化事業，更生と保護の必要性を痛感した。そのため留岡は，アメリカに行き，アメリカにおける犯罪者に対する再教育の場としての監獄での実践を実際に学んだ。

　留岡は帰国後，アメリカで得た経験や知見をもとにして，知人・支援者と共に理想とする感化事業を行うために，東京・巣鴨に家庭学校を設立した（1899年）。その後，規模などが拡大し発展していくこととなる。家庭学校という名称が示すよう

に，愛情豊かで家庭的な場としての家庭舎（小舎夫婦制）のもとで，普通教育を施すことに感化事業の焦点が向けられた。

家庭学校の教育方針は，キリスト教主義をもとに，「よく食べ，よく働き，よく眠る」という三能主義の実践，流汗悟道の精神に基づいた労作教育，その他にも職業教育，徳育，宗教教育などを行いながら，感化教育を実践した。

さらに1914(大正3)年には，北海道・遠軽に「北海道家庭学校」を創立して，今日の児童自立支援施設の土台ともなる実践を行った。

■その他の社会事業及び福祉に関する動き

その他の明治期における子どもや家庭に対する社会事業としては，1890(明治23)年に赤沢鍾美が，わが国最初の託児施設「私立静修学校」を新潟市に開設，1900(明治33)年に，**野口幽香**らによって貧困家庭の子どもを対象とした「**二葉幼稚園**」（後に**二葉保育園**）を東京に設立した。

また，盲ろうあ児に対しては，1878(明治11)年に「京都盲唖院」，1880(明治13)年に「東京楽善会東京訓盲院」が設立された。

さらに，当初は1891(明治24)年の濃尾大地震による孤児を保護するために石井亮一が設立した「孤女学院」は，その後，知的障害のある子どもの施設「**滝乃川学園**」となり，1909(明治42)年には，脇田良吉による知的障害児教育施設「白川学園」も設立された。

子どもの福祉に関係する動きとしては，1911(明治44)年に工場法が制定され，12歳未満の子どもの労働の禁止，15歳未満の子どもの深夜労働と12時間以上の労働の禁止などが規定された。このことにより，子どもの労働に関する福祉的な措置としての制限が加えられることになった。

（5）大正・昭和前期における子どもと家庭に対する社会事業

■大正期

大正期に入った1914(大正3)年，第一次世界大戦が勃発したことによってわが国にも大きな影響を及ぼし，庶民の生活はますます厳しいものとなった。1918(大正7)年7月には富山県から始まった米騒動が全国へ広がり，労働運動や農民運動も盛んになった。

こうした社会状況に対応するように，1917(大正6)年には内務省地方局に救護課ができ，翌年には**大阪方面委員制度**が設置された。これにより，救済活動

が全国へと広がり，社会政策や社会事業も拡大傾向をみせた。

　1915（大正4）年には東京の本郷で，子どもの発育や保護の相談を受ける相談所が開設された。1919（大正8）年には大阪市児童相談所が設立し，妊産婦の健康や育児知識の普及，相談事業が始められ，児童相談所の先駆けとなった。翌1920年には東京府児童保護委員制度が始められ，不良児や浮浪児，未就学児，貧困児童，障害児童などに対する個別保護などが行われ，翌1921年には東京府児童研究所が開設され，研究相談事業も始められた。

　また，肢体不自由児に対する保護や援助活動も行われるようになった。1916（大正5）年からは，高木憲次（たかぎけんじ）が，肢体不自由児の巡回療育相談事業を開始し，1921（大正10）年には松倉松蔵が，肢体不自由児の施設「クリュッペルハイム柏学園」を設立した。

　教育の分野では，大正期にはデューイなどの海外の文献が翻訳されて読まれるようになり，大正自由主義教育といわれる児童中心主義の新教育が広がっていった。子どもに対する社会事業の分野も影響を受け，早期の社会事業研究者として高名な生江孝之（なまえたかゆき）は，1923（大正12）年に『児童と社会』『社会事業綱要』という著書を出版した。

　前著では，児童保護は，国家社会の基礎を強固にするため，次代を担う子どもの健全な発達が人類の理想追求に不可欠であり，子どもは家庭の至宝として，両親や社会の責任による適切な養育の必要性を論じている。また後著では，子どもの権利について述べ，「立派に生んでもらう権利，立派に養育してもらう権利，立派に教育してもらう権利」を提起し，恣意的な慈善事業から子どもの権利性を基盤とする社会事業のあり方を述べた。こうした生江の考え方・理論は，他の社会事業家にも大きな影響を及ぼすことになった。

■昭和前期

　昭和期に入ると，1929（昭和4）年には恤救規則に替わる新たな救貧法として「**救護法**」が制定された（施行は1932年）。この法律も，依然，制限扶助主義がとられ，対象の制限などは厳しいものであった。しかし，育児施設などが救護施設としての指定を受けることができるようになり，国家による補助も受けられるようになった。

　また，1933（昭和8）年には「児童虐待防止法」が制定され，子どもの酷使や

虐待，人身売買などの子どもに対する不当な扱いを禁止することが法律として明文化された。その他にも，感化法が「少年教護法」としてさらに進んだ内容に改正された。1937(昭和12)年には「母子保護法」によって，13歳以下の子どもをもつ貧困母子家庭の一体保護がなされるようになった。さらに1938(昭和13)年には，社会事業における人的確保や育成のための課題も担う厚生省が設置された。

また，前述したように高木憲次は，東京帝国大学の整形外科教室教授であり，医局員時代から肢体不自由児の巡回相談事業を行っていたが，1932(昭和7)年に，わが国最初の肢体不自由児学校「光明学校」を設立，さらに1942(昭和17)年には「整肢療護園」を開設した。戦時下という時代に，こうした活動を実践した高木のはたらきは，特筆に値するものである。

しかし，大正期の「大正デモクラシー」といわれた自由主義的な風潮は，日中戦争から太平洋戦争へと，わが国が戦時体制へと突き進むなかで急速に失われていった。さらに子どもの保護は，戦時下における「**少年愛護**」へと焦点が向けられることとなり，戦争遂行のための小国民育成に重点が置かれた。

こうして広がりかけていた子どもや家庭に対する社会事業は，危機的な状況に追いこまれることとなったのである。

2．第二次世界大戦後から現在までの子ども家庭福祉の歩み

(1) 第二次世界大戦後の混乱と子どもの福祉

1945(昭和20)年8月15日，わが国は第二次世界大戦の敗戦国となった。この戦争によって親や保護者を失った「**戦災孤児**」が急増し，こうした子どもたちの保護・救済事業は戦後処理における危急の事業として求められた。

1948(昭和23)年の引揚援護庁の調査では，本土の戦災孤児は11万2,100余名を数え，中国東北部や台湾などの旧植民地からの引き揚げ孤児は1万1,300余名であった。これらを合算すると，12万3,500余名となっていた。しかし，この数字には，わが国で唯一地上戦が行われた沖縄は入っておらず，沖縄本島だけでも3,000名を超える戦災孤児が数えられた。

こうした戦災孤児のうち，親類縁者等による引き取りができない，あるいは保護者がいても家庭で養育できない子どもたちは，社会的養護によって保護さ

れたり，養育を受けたりすることが必要であった。しかし，その体制は未整備であり，当時，「浮浪児」と呼ばれた子どもたちが多く生み出された。こうした子どもたちは自分たちの命を守るために靴磨きなどによって収入を得，また一部の子どもたちは非行行為をせざるをえない状況を強いられていた。

このような逼迫した状況にあって，戦前からの育児施設，感化施設は「戦災孤児収容」を行ったが，それだけでは「浮浪児」を守る資源としては足りなかった。そこで，一般市民や旧軍復員者などのなかからも，これからの社会を担う子どもたちを養育する必要性を痛切に感じ，実際に養護施設をつくって実践へ身を投じる者が生まれた。

政府は戦災孤児等の緊急対策として，1945年（昭和20年）9月に「戦災孤児等保護対策要綱」を決定し，翌1946年4月には，厚生省が「浮浪児その他児童保護等の応急措置実施に関する件」という通達を出した。さらに同年9月には，大都市圏に「主要地方浮浪児保護要綱」を通知した。

しかし，GHQによる公私分離の原則に基づき，施設への財政援助はなく，ララ（LARA:Licensed Agencies for Relief in Asia，アジア救援連盟）による救済援助の開始によって，なんとか急場をしのぐ状態であった。ララは，その活動を通して，1946（昭和21）年以降，施設で生活する子どものみならず，わが国の多くの子どもたちに粉乳や肉，卵などの食料や，衣類，石鹸など，当時，入手困難なものを救援物資として提供した。

（2）児童福祉法の制定と子どもと家庭の福祉の動き

■児童福祉法の制定

「戦災孤児」など保護を必要とする子どもに対する応急的な対策ではなく，すべての子どもたちを対象とする福祉を守るために，1947（昭和22）年に「児童福祉法」が制定された。この法律は，戦後，わが国が新たな民主主義国家へ再建することをめざして制定された新憲法の理念に基づき，「福祉」という名称を用いた最初の法律である。このことは，これからの希望の光は次代を担う子どもたちであることを示している。

また，戦前からの育児施設，児童虐待防止法による防止施設，疎開学童寮から転進した施設，戦後「孤児」収容を始めた施設などが，児童福祉法による養護施設として認可された。

さらに子どもの福祉に関して,「ホスピタリズム論争」が起こった。この論争は,1950(昭和25)年,雑誌『社会事業』に,当時の石神井学園長であった堀文次による「養護理論確立への歩み」という論文が掲載されたことに端を発した。この堀論文は,ロレッタ・ベンダーの研究や,施設での子どもたちの観察や体験などから収容施設の弊害などを訴え,施設の養育理論構築の必要性を発言したものである。

これが契機となり,施設養護に対するさまざまな立場からの見解や研究が発表され,養護界を席巻(せっけん)する一大論争が展開された。結果として,「ホスピタリズム論争」は発展的解決には至らなかったが,「子どもへの援助では,子どもに対して何をなすべきなのか」という養育の課題を提起し,その後の主要な養護理論を生むこととなった。

■児童憲章の制定

1951(昭和26)年には,対日講和条約ならびに日米安保条約が成立し,わが国は独立国として再出発した。しかし,安保条約の成立によって,特に1951年から1955年にかけての防衛費がかさみ,社会福祉事業への公的支出は圧迫を受けた。具体的には,一時期国庫負担金が打ち切られるなどの財政補助がなくなることとなったのである。

また,1949(昭和24)年頃から子どもの「人身売買事件」が後をたたず,子どもの権利が侵害される状況が続いていた。子どもの権利を尊重する社会をめざす声も高まり,1951(昭和26)年5月5日には「児童憲章」が制定された。

戦後復興期につくられたものであり,「守られるべき」「保護されるべき」子どもへの,大人側の態度として受け身で書かれた条文ではあるが,その冒頭に掲げられたように,「日本国憲法の精神にしたがい,児童に対する正しい観念を確立し,すべての児童の幸福をはかるために」定められたものである。そこには,格調高い言葉で,子どもを大切な存在として守っていこうという意志が貫かれている。

■児童福祉の整備拡充

昭和30年代,高度経済成長期といわれる時期に入り,社会福祉においても,戦後処理の段階から整備拡充への動きがみえはじめた。

経済成長のゆがみからによる「少年非行」の増加や低年齢化が叫ばれ,一般

児童の健全育成政策（母子保健対策，児童の不良防止，事故防止対策など）が重視されはじめた。また，1964（昭和39）年には，1952（昭和27）年の母子福祉資金貸与制度を継承して，さらに内容を豊かにした母子福祉法が制定された。

　この法律によって，母子福祉資金の内容が整備されたり，母子相談員の常勤化など，母子福祉の総合的な施策が行われたりするようになった。翌1965年には，母性保護の尊重や乳幼児の健康の保持・増進など，一貫した母子保健にかかわる**母子保健法**が制定された。

　さらに，1959（昭和34）年の草野熊吉の「秋津療育園」，1961年の小林提樹が開設した「島田療育園」，1963年には糸賀一雄（いとがかずお）による「**びわこ学園**」などの先駆的な重症障害児施設の実践により，1967（昭和42）年には，児童福祉法に児童福祉施設として「**重症心身障害児施設**」が位置づけられることとなった。1970（昭和45）年には障害児保育が始められるなど障害児対策も進展し，1971（昭和46）年には児童手当法が制定され，子どもと家庭に対する福祉制度も拡充をみせることになった。

　社会的な養護問題が変化しつつある当時，子どもの人権のあり方を社会にアピールしたものとして，「**子どもの人権集会**」が行われた。1968（昭和43）年，全国養護施設協議会は，NHK，朝日新聞各厚生文化事業団とともに，「子どもの人権を守るために」公開討論会を開催した。養護施設に入所する子どもたちの背景は，まさに時代を映し出す鏡としてさまざまな社会的問題が存在する。出稼ぎ就労，交通事故，労働災害，企業倒産，一家心中，虐待，放任……。

　しかし，こうした問題の影響を受けた「施設で暮らす子どもたちの現実」が放置され，養護施設自体も社会の闇に隠れている。高度経済成長の陰で，子どもの人権がないがしろにされている現実，こうした子どもを守る施設が乏しい予算にあえいでいることなどが，この集会によって指摘された。そして，1973（昭和48）年に，要保護児童の高校進学に関する措置費が，「特別育成費」として支弁されることになった。

（3）オイルショック以降から現代まで

■幻の「福祉元年」

　1970年代前半までの「社会福祉施策」は，ゆっくりとした歩みをみせていた。しかし，1970年代途中から一転して「冬の時代」をむかえることとなった。

政府は，1973年（昭和48年）を「**福祉元年**」として，西欧の福祉先進国をモデルとする福祉国家へと歩むことを宣言し，社会福祉は飛躍的発展を迎えるはずであった。しかし，皮肉にも「福祉元年」をうたった1973年の後半には第一次オイルショックが起こり，インフレーションと不況のスタグフレーションによって，わが国の経済は低成長期に移行した。

　1975年（昭和50年）に大蔵省は財政危機を宣言し，予算編成では「福祉も聖域ではない」として，社会福祉予算の伸び率が抑制された。社会福祉施策は，低成長期のなかで，行政改革，社会福祉基礎構造改革などの潮流に翻弄されることとなったのである。

■「子どもの権利条約」

　1979（昭和54）年にポーランドが草案を提出した「子どもの権利条約（児童の権利に関する条約）」は，1989（平成元）年に国連で採択された。わが国も，1994（平成6）年に158番めの条約締約国として条約を批准した。草案の提出がされてからわが国が批准するまでには15年の歳月が流れたが，世界的な潮流としては，子どもや家庭の福祉，障害のある人や高齢者の福祉，あるいはすべての人の自己実現への思いが高まり，少しずつ具現化に向けて進行している。

　国連の国際障害者年，国際家族年，国際児童年などの動きにも，その高まりを啓発した。また「子どもの権利条約」によって，エレン・ケイの提唱した「児童の世紀」からおよそ一世紀を経た今，わが国でも子どもの権利擁護への動きが広がりつつある。

　しかし，施設養護の状況をみてみると，博愛社，福岡育児院，恩寵園など，「子どもの権利侵害」が起きた施設は枚挙にいとまがない状況もある。体罰に関しても，1997（平成9）年度の東京都社会福祉協議会児童部会の「紀要」でも明らかなように，「体罰も仕方ない」と容認する職員が多数存在していた。1998（平成10）年，厚生省から「懲戒権の濫用の禁止」に関する通達は出されたが，今も子どもに対する人権侵害報道が続いている。

■少子化対策の始まりと1997年児童福祉法改正

　1989（平成元）年には，合計特殊出生率が戦後最悪だった丙午の年（1966年）を下回り，「1.57ショック」といわれ，その後，わが国においては少子化対策が大きな政策課題となっていった。1994（平成6）年には「今後の子育て支援の

ための施策の基本的方向について」(**エンゼルプラン**)が，1999(平成11)年には「重点的に推進すべき少子化対策の具体的実施計画」(**新エンゼルプラン**)が，2004(平成16)年には「**少子化社会対策大綱**」が策定した。同年，その具体的実施計画「少子化社会大綱に基づく重点施策の具体的実施計画について」が出されるなど，少子化対策について現在も進められている。

1998(平成10)年には，半世紀ぶりに児童福祉法の大幅な改正がなされた。養護施設も旧・虚弱児施設と統合されて「**児童養護施設**」に，教護院が「**児童自立支援施設**」に名称変更された。また，施設の役割に「**子どもの自立**」を支援することがつけ加えられた。さらに，児童養護関連だけでも，「**児童家庭支援センター**」の創設，児童自立生活援助事業として「**自立援助ホーム**」の法制度化などの変化があった。

しかし，法改正とともに改訂が期待されていた「児童福祉施設最低基準」にはほとんど手がつけられず，課題は残されている。この児童福祉法の改正では，特に「自立支援」「子ども家庭支援」「子どもの権利擁護」などが特徴的にもりこまれることとなった。さらに児童福祉法の一部改正は継続しており，さまざまな変更が続いている。

■子ども虐待の増加と要保護児童施策の充実

厚生省は，1990(平成2)年度から，児童相談所への虐待通告数の統計をとりはじめた。現在ではその数は，30倍以上に膨れあがっている。この増加傾向は，子育て支援が必要となる育児不安を感じる保護者層が広がっているなか，簡単に減少するとは考えられず，今後も，その受け皿である児童養護施設などの児童福祉施設の役割は高くなってきている。

1999(平成11)年には「児童買春，児童ポルノに係る行為等の処罰及び児童の保護等に関する法律」が，2000(平成12)年には「児童虐待の防止等に関する法律」が，2001(平成13)年には「配偶者からの暴力の防止及び被害者の保護に関する法律」が制定され，より子どもを守るための改正が行われている。

また，2002(平成14)年には「里親の認定に関する省令」「里親が行う養育に関する最低基準」が出され，里親制度が改正され，特に専門里親制度が創設された。さらに施設養護においても，2000(平成12)年に国が「**地域小規模児童養護施設**」を創設したことで，施設の小規模化・地域化の流れが顕著となり，従

来の収容型施設から地域で生活可能な施設への転換もみられている。

戦後の子どもの福祉問題は「戦災孤児収容」「浮浪児対策」から始まり，貧困による養護問題など広がりをみせ，多様化する養護ニーズが生まれた。現在は，虐待を受けて入所する子どもの増加とともに，幼児の入所が増えており，大人によって傷つけられた幼児に対する十分なケアを行うことが求められている。

厚生労働省は被虐待児対策として，施設に非常勤心理職員を配置していくなどの方向も動き出しているが，十分な個別的ケアが可能な人員配置などの，さらなる人的・物的環境整備が必要であろう。さらに今日では，少子化対策を十分に行うことが危急の課題となっている。

2 欧米における児童福祉の展開－イギリス，アメリカ合衆国

1．近代社会にいたるまでの児童福祉の展開

■エリザベス救貧法

中世社会においては，10世紀頃に中世ヨーロッパ封建社会が完成し，荘園の封建領主と農奴という関係による村落共同体が形成された。11世紀末には，封建領主の保護育成により都市が発達しはじめ，職業集団によるギルド（自治団体）が形成された。村落共同体やギルドにおいて，生活困難な者に対しては相互扶助的な対応が行われ，さらに，こうした共同体からこぼれ落ちる貧困者や孤児等については，キリスト教会の慈善活動による救済が行われた。

イギリスでは，1601年に「エリザベス救貧法」が成立した。この法律では，救済の対象である貧民を労働能力によって分類した。労働が可能な者に対しては就労を強制し，これを拒否する者は懲治院や監獄に収容し，労働ができない病人，高齢者，障害者などについては救済の対象とした。また，孤児や貧困のために扶養ができない子どもに関しては徒弟に出され，強制的に働かされることとなった。

しかし，「国家の責任で貧困者を救済することは貧困を助長し，労働者全体

の生活水準を下げることであり，むだなことである」というマルサス等の自由放任主義思想を背景に，この法律は新救貧法として改正された。有能貧民の居宅保護を禁止して，労役場収容に限定し，救済は，全国統一した方法で，劣等処遇の原則をもって行われた。

2．近代社会における児童福祉

（1） 産業革命における児童保護

イギリス：イギリスから始まった産業革命は，機械の発明や改良によって生産力が著しく増大し，賃金を抑制させる婦人や児童労働を大量に生み出した。徒弟による児童労働の悲惨な現状に対しては，ロバート・オーエン等による人道主義的な児童保護の努力がなされた。特に**ロバート・オーエン**は，人間にとっての教育の必要性を説き，1816年に「性格形成学院」をつくり，幼児期からの成長段階に応じた教育を提供した。

1802年には，最初の工場法「徒弟の健康と徳性を守るための法律」が成立した。その後，幾度かの改正を経て1833年の工場法によって，9歳未満の児童の雇用の制限や労働時間の制限などが規定され，子どもが過酷な労働から多少とも保護され，教育を受ける第一歩にもなった。なお，1870年に「**初等教育法**」が成立し，子どもの教育についていっそうの強化が行われた。

アメリカ：アメリカにおいては，1790年にサウス・キャロライナ州チャールストンに公立の孤児院が設立され，コネチカット州ハートフォードに現在のギャローデッド大学となる聴覚障害者の学校が開設された。これらの施設が設立されるようになり，1836年にマサチューセッツ州が年少労働を規制するようになった。

さらに，メソジスト派の牧師であるチャールズ・ブレーズがニューヨークに「**児童保護協会**（New York Children`s Aid Society）」を設立し，ストリートチルドレンなどの子どもの保護や，里親・養子制度を行うようになった。

（2） 児童福祉の整備期

イギリス：イギリスでは，1908年には「**児童法**」が成立した。これは，要保護児童の保護や非行少年の処遇を統合し，里子の保護や虐待の防止，非行犯罪少年の処遇を大人から分離して行うことなどを規定したものである。また，

1926年には養子を搾取や虐待から保護することを目的とした「養子法」が制定され，1933年には「児童青少年法」が成立した。この法律では，少年の年齢を17歳未満とし，教育を最優先した雇用の制限を行い，犯罪少年に対する処遇については，刑罰から福祉的な措置へと転換した。

アメリカ：アメリカでは，1909年にセオドア・ルーズベルト大統領が率先して，第1回ホワイトハウス・カンファレンスを開催した。教育の義務化，出生登録の整備，連邦児童福祉局の設置などが議論され，家庭の重要性が大きく取り上げられた。これを契機に，1912年に「児童福祉局法」が制定され，連邦児童福祉局が設置された。

その後，1920年にアメリカ児童福祉協会が設立され，公共，民間の児童福祉機関や団体をまとめるきっかけとなり，児童福祉が急速に発展していった。また，1921年には母子の健康を守る法ができ，国内初の連邦政府による母子支援プログラムが誕生することとなった。

さらに，1935年に「社会保障法」が成立し，子どもの福祉にも大きな影響を与えた。貧しい家庭の子どもへの生活保護が設立され，母子，児童の保健・健康，ローカル・レベルの児童福祉の推進，各州の保険局を通じての身体障害児童への支援，必要に応じて手術等のケアを受けられるようにするなどのサービスに対して，連邦政府から州政府に対して補助金が出されるようになった。また1930年代に入り，アメリカでは歴史上初めて，フォスターケアに養育される子どもが，施設に入所する子どもの数を上回った。

3．第二次世界大戦後の児童福祉の展開

イギリス：イギリスでは1942年に，国民の生活を「ゆりかごから墓場まで」保障するというべヴァレッチ・レポートが出された。均一給付・均一拠出などの6原則に立った社会保険を中心に，その前提としての児童手当，包括的保健サービス，雇用維持などに対する提案もなされていた。さらに1946年には，要保護児童に対する援助や支援に関するカーチス・レポートが出され，要保護児童に対するフォスターケア，小規模施設における養護の重要性などが提起され，それに沿う形で，1948年には児童法が成立した。

また1980年に，児童福祉を守るために既存の予防と保護に関する制度を統合

した「児童養護法」が成立した。1989年には，児童福祉に関する自治体の責任の明確化，18歳までの親による監護・養育の責任，子ども・親と関係機関とのパートナーシップ，子どもの権利擁護の推進等を強調した「児童法」が成立した。

アメリカ：アメリカにおいては，1950年に，貧困家庭の子どもへの生活保護から扶養児童のいる家庭への生活保護へと変化し，養育者に対する支援も範疇(はんちゅう)におさめられることになった。1960年代に入ると，ケンプによる「虐待の再発見」がなされ，1965年にはすべての州において児童虐待の通告義務を課す法律ができ，1967年には少年裁判所での適切な手続きが行われるようになった。さらに，1974年には「児童虐待防止法」が成立し，1975年にはすべての障害児童に対する**教育義務法**が制定された。

1980年代においては，1980年に「**養子法**」と「**児童福祉法**」が，1988年に「**家庭支援法**」が制定され，家庭の維持が強調された。1990年代においては，養子縁組がさらに促進され，1994年には「**異民族間の里親・養子に関する法律**」が制定されている。

3 児童福祉の課題と展望

1．これまでの児童福祉の歩み

(1) 法制度がなかった時代の子ども家庭福祉

ここでは，特にわが国の子ども家庭福祉の歩みについて，そのあり方や展望を，もう一度視点を変えて整理していく。古代から近代までは，その時々に宗教的な心情から，また困窮者を救済することに意義を感じた人々による救済事業，さらには天皇家などによる救済，あるいはその時代の権力者からの救済措置などがみられた。しかし，当時の大多数を占める農民を中心として，困窮する生活を強いられることが多かった。

それが明治期に入ると，十分なものではないが，公的な救済策もつくられた。しかし，それ以上に重要なことは，宗教的な意図からの慈善を行ったり，困窮

している子どもや問題を抱えざるを得ない子どもを救済したりしようとする，社会事業の先覚者が多く世に出たことであろう。わが国も近代国家に移行するなかで，ある程度の民主的な開放がされた（身分制度の撤廃やキリスト教の解禁など）ことにより，こうした社会事業家が輩出された。

このようにしてみると，古代から近世にかけては継続した救済活動をあまりみることはできないが，明治期に入り，ようやく継続的な慈善事業，社会事業が全国に広がっていったことがわかる。有名・無名の多くの慈善事業家・社会事業家が，高潔な精神性のもとで，困窮する子どもたちを救済していった。しかし，国家としての本格的な福祉活動は，第二次世界大戦後まで待たなければならなかったのである。

（2） 戦後の子ども家庭福祉と今後の課題

前述したように，1947（昭和22）年に制定された「児童福祉法」は，わが国で初めて「福祉」という用語が用いられた法律である。混乱していた戦後復興の時代に，単に保護の必要な子どものための法律ではなく，すべての子どもの福祉を追求するというこの法律の発想は，新しいものであった。

その後1951（昭和26）年には，「児童憲章」がつくられた。現代の感覚からすれば，子どもが受け身の形で書かれている条文は，子どもの権利性が乏しくみえるが，当時としては画期的なものであり，子どもの大切さを十分に伝える内容となっている。

こうして，戦後少しずつ子ども家庭福祉は広がりをみせたが，1973（昭和48）年を境に，福祉も低成長期を迎えることとなり，子どもに対する福祉施策も停滞していった。たとえば，児童福祉施設最低基準の人員配置の見直しが，1976（昭和51）年以降行われていないのは，そのことを証明するものだろう。

しかし同時に，今日，わが国の福祉は大きな転換期を迎えることになった。その理由として1つは，子ども虐待の増加が社会問題化し，虐待対策が大きく取り上げられるようになったことである。2つめとしては，1994（平成6）年に，わが国も国連の「児童の権利に関する条約（子どもの権利条約）」を批准し，子どもの権利・人権擁護への関心が広がっていったことにある。3つめに，1989年の「1.57ショック」以降，わが国においても，少子化対策の一環として，子育て支援・子ども家庭支援が危急の課題となっていることが挙げられる。

2．これからの子ども家庭福祉のあり方

(1) 子どもの権利擁護の視点

　これからの子ども家庭福祉のあり方について，歴史的に概観すると，「子どもの権利・人権擁護」を，まず今日的な重要課題として挙げることができる。子どもの権利については，前述したように，生江孝之が「立派に生んでもらう権利，立派に育ててもらう権利，立派に教育してもらう権利」を子どもの権利として早期に述べている。また，直接的に権利という言葉は書かれていないが，わが国では「児童福祉法」の制定と「児童憲章」が，当時の時代状況を考えれば，画期的なものであった。

　国際的には，国連が採択した1959（昭和34）年の「児童の権利に関する宣言」，1989（平成元）年の「児童の権利に関する条約」（子どもの権利条約）が，わが国においても大きな影響を及ぼすこととなった。たとえば，児童養護施設など施設養護の現場でも，子どもの権利条約批准以降，特に実践のなかで，子どもの権利擁護にどのように取り組むのかが今も課題となっている。

　ただし，子どもの権利・人権に関しては，いまだに十分に理解していない大人も少なくない。「生存・発達・保護・参加」という，だれにでも認められるべき人権を「子どものわがまま」ととらえたり，少年法を「厳罰化」しようとしたりする人や，子どもへの体罰を肯定的にとらえたりする人も多い。

　国自体が，子どもの権利条約第42条の条約周知義務を十分に果たしていないことにも課題が残る。子どもの権利・人権を擁護しようとする社会の態度が形成され，当たり前のこととして，子どもの権利・人権について今後，成熟した社会にしていくことが求められている。

　なお，一部の先駆的自治体では「子どもの権利条例」を制定しているところもあり，地域による格差も大きい。これからは社会全体で，大切な子どもの権利を拡大する必要がある。

(2) 子ども虐待対応の課題

　続いて，子どもの権利・人権擁護とも密接な関係をもつ，子ども虐待に対する，さらなる積極的な対応が求められている。わが国においても，戦前の1933（昭和8）年に「児童虐待防止法」が成立している。当時の時代状況から，子ど

もの酷使や人身売買といったものに対しての法律のようにみられるが，実際に当時の議会議事録や新聞等の出版物をみると，今日いわれる虐待と同様な虐待も多くみることができる。

わが国だけではなく，19世紀の後半に欧米でも，児童保護協会がつくられるなど，今日と同様な子どもへの虐待も多くみられている。1960年代のケンプによる「被殴打児症候群」という子ども虐待の発見は，実は「再発見」であり，子育てが行われている限り，子どもを虐待するということは連綿と続いていたことであると考えられる。

今日，子ども虐待がわが国においても大きな社会問題として焦点が当てられることとなった。2006（平成18）年度の児童相談所における虐待の相談対応件数が3万7,323件という数値は，実際は氷山の一角にすぎない。その背後には，暗数としてさらに多くの子ども虐待があり，またその裾野には，子どもに対する不適切な対応が数多く行われていることが考えられる。

わが国においても，「児童虐待の防止に関する法律」が2000（平成12）年に制定されたが，その後も2度の改正が行われ，子ども虐待防止への対応が強化されてきている。

しかし，今日の社会状況のなかでは，家族や地域関係のありようも大きく変わってきている。より密室化する家庭での育児のあり方については，今後さらにいかなる支援が可能か検討を進め，子育ての社会化のさらなる進展が必要である。いってみれば，子育てのあるなかでは，子ども虐待はいつでも起こりうる可能性はあり続ける。こうしたことからも，虐待を重篤化させない社会のあり方が問われている。

（3）子どもの自立支援

今日の子ども家庭福祉のあり方としては，子どもの自立支援が重要である。児童福祉施設の目的にも，退所した者に関する相談等の援助が盛りこまれているが，児童養護施設などの施設で，フェア・スタート（どの子どもであっても，その子どもに応じた進学等が可能であるようなしくみ）が可能であるような社会にする必要がある。児童養護施設などで生活する子どもには，施設で生活することに何も責任はないのであり，年齢によって自立を強いられることは，子どもの自立を阻害することにもなる。

さらに，児童福祉施設最低基準の人員配置が抜本的に改正されなければ，子どもたちが信頼関係をもち，愛着を形成できる職員の確保は難しく，職員もあまりにも大変な仕事を強いられることになる。児童養護施設などの児童福祉施設では，虐待を理由に入所する子どもが増加している今日，こうした大きな問題を抱えた子どもに対して，社会は子どもをブラックボックスに入れているだけの状況のようにも考えられる。

　自立の問題やフェア・スタートの問題は，実は施設で生活する子どもだけではなく，一般の家庭で生活する子どもにも共通する。引きこもりや不登校，あるいは高校中退後の子どもへの援助，経済的な問題などから，進学を断念する子どもが多く存在する。このような子どもたちに対して，社会が援助・支援の輪を広げていくことが求められている。

(4)　地域における子育て支援

　少子化対策など次世代育成支援対策についても，子ども家庭福祉のあり方が問われている。子ども虐待防止にも関連するが，少子化に歯止めをかけるためにも，積極的な子育て支援の展開が求められている。子どもを生み，育てやすい社会環境のもとで，困ったときや苦しいときに共感できる関係が保たれるような，安心して子育てのできる社会がつくられていくことが必要である。

　子育てをその家族（特に母親）だけの「負担」とするのではなく，「子育ての社会化」が広がることによって，少子化対策も可能である。国も，「少子化社会対策大綱」をまとめる等の取り組みを展開している。

　しかし，子育てに対するリスクはまだまだ多く，さらには母親だけではなく，父親，親族，地域社会が，子育てにさらなる積極的な支援を講じていく必要性がある。特に地域社会との結びつきは今後の児童福祉においても重要であり，一人ひとりの子どもたちが地域社会のなかでのびのびと暮らすことができる，地域福祉のあり方が問われている。

トピックス3：児童福祉の歩み

　ある大学で,「社会福祉発達史」という名称の授業を担当している。この授業名について,いささか疑問をもっている。つまり,社会福祉は時代を追うごとに本当に発達をしてきたのか,そうした「発達史観」が社会福祉に適応できるのかということである。

　先述したように,古代から中世,近世にかけて,生活に困窮する人々は多く,間引きや堕胎,子捨てが横行していた。その時折に先駆的な実践を行う人々が現れたり,江戸期の三春藩のように,子どもの養育が難しい人に対する賢君政治が行われる藩もみられたが,それらは常にどこでも行われてきたわけではない。つまり,近世までは時折,自然発生的に社会における救済が行われていたにすぎない。

　近代に入ると,国家の手では救済できない子どもに対して,社会事業を先駆的に行う先覚者が多数出現し,今日の社会福祉の土台となるような活動が行われた。

　では,そうした社会事業,社会福祉の先覚者の実践とくらべて,今日の社会福祉は,さらに発達してよりよいものになっているのだろうか。確かに明治期の物質的環境にくらべれば,今日の施設は格段に豊かになっている。しかし,石井十次や留岡幸助のような先覚者の実践にくらべて,今日の児童福祉実践者の心情は,豊かで進歩しているのだろうか。あるいは,私たちの援助の質は進んだのだろうか。

　こう考えると,単純に,社会福祉を進歩史観的にみることは難しく,また子ども家庭福祉が直線的な発達を遂げてきたとは言い難い。

　また,わが国の児童福祉の発展は,欧米諸国の歩みとも大きく異なっている。戦勝国と敗戦国の違いはあるだろうが,その後大きく経済的に成長し,欧米に肩を並べてはいるが,子ども家庭福祉の内容は,それに追いついているのだろうか。

　たとえば,イギリスではカーチス報告書以降,施設の小規模化が進んだが,わが国は,ようやく施設の小規模化に目を向けはじめたところである。しかし,わが国においても,すでに留岡幸助や石井十次らは,子どもにとっての家庭の重要性を考え,保護の必要な子どもに対して家庭的な援助を実践していたのである。

本当の意味で，私たちの子ども家庭福祉は，これだけ精神的にも進歩し，新たな状況をつくり出すことができたと，胸を張って言える時代を築きあげていけるのか。今後，筆者自身も，一方で実践にかかわりながら見守っていきたいと考える。

（鈴木　力）

演習問題
- A．児童福祉の先覚者のはたらきが，今日の児童福祉にどのようなかかわりやつながりがあるかについて考えてみよう。
- B．児童福祉の歴史から，今日の児童福祉の成り立ちへどのような影響がみられるか考えてみよう。
- C．今後の児童福祉の課題や展望について，児童福祉の歴史からどのようなことがいえるか考えてみよう。

4章 児童福祉の法制度と実施体制

本章では、児童福祉を支える法制度や施策の体系、実施体制の概要、児童福祉の専門職種について理解することを目的とする。

児童福祉に限らず、社会福祉とは、法制度によって姿をあらわし、理念や価値によって規定され、実践によって完結する体系である。したがって、法制度や実施体制について理解することは、児童福祉の現場に出るうえで、たいへん重要であるといえよう。

特に、児童福祉は日本国憲法を基軸として各種法令によって総合的・体系的に推進されていることを理解したうえで、個々の実施機関・施設の役割について理解を深めてほしい。

1 児童福祉の法体系

1. 児童福祉法

(1) 制定の経緯

児童福祉法は、1947(昭和22)年12月に公布され、翌年1月に施行された。

1945(昭和20)年、第二次世界大戦が終わり、敗戦国となった日本では、敗戦による混乱と窮乏が子どもたちの生活全般に深刻な影響を与えていた。戦争によって親や家をなくした「戦災孤児」や外地から引き揚げてきた「引き揚げ孤児」たちが街のなかを浮浪し、なかには生活のために物乞いや窃盗を行う者もいた。そのため当時の児童福祉の緊急課題は、これらの孤児たち（要保護児

童）をいかに保護するかということにあった。

戦災孤児の保護救済を中心とした応急的措置がとられていくのと並行して，将来の日本の再建を担う次代の子どもたちの健全育成も重要な政策課題とされた。このような状況のなかで，1946(昭和21)年12月，厚生大臣が中央社会事業委員会に対し，政府が作成した「児童保護法要綱案」を参考資料として示したところ，翌年1月，委員会は政府案と比して積極的な内容を盛りこんだ「児童福祉法要綱案」を国会に提出，同年12月に**児童福祉法**が成立したのである。

児童福祉法第1条では「すべて国民は，児童が心身ともに健やかに生まれ，且つ，育成されるよう努めなければならない」と，理念としてすべての国民に対して，子どもの健全育成に関する努力と責任を課している。これは，前年11月に制定された日本国憲法の「基本的人権の尊重」の基本原理をふまえたものである。

（2） 児童福祉法の概要

原理：第1条では，児童福祉の理念として「すべての国民に児童を健全に育成する努力と責任を課すとともに，児童の生存権と愛護される権利」を保障している。

第2条では，「児童の保護者のみならず，国や地方公共団体に，すべての児童を健やかに育成する責任があること」が示されている。

第3条では，「第1条と第2条において示した内容は，児童の福祉を保障するための原理であり，これらの原理はすべて児童に関する法令の施行にあたって常に尊重されるべきである」と規定している。

対象：児童福祉法の対象は，児童，妊産婦，保護者となっている。

「**児童**」とは満18歳に満たない者として規定し，以下のように区分している。

① 乳児……満1歳に満たない者
② 幼児……満1歳から，小学校就学の始期に達するまでの者
③ 少年……小学校就学の始期から，満18歳に達するまでの者

「**妊産婦**」とは「妊娠中又は出産後1年以内の女子」，「**保護者**」とは「親権を行う者，後見人その他の者で，児童を現に監護する者」と規定している。

機関・職種：児童福祉に関する事項を調査，審議するための機関として**児童福祉審議会**を，児童福祉の実務を遂行する機関・職種として**児童福祉司**，児童

委員，主任児童委員，保育士，児童相談所，市町村，福祉事務所，保健所の業務等について規定している。

　福祉の措置及び保障：身体に障害のある児童の保護として療育の指導等，一定の慢性疾患にかかっている児童に対する医療給付，育成医療給付，補装具の交付等，居宅生活の支援などの在宅福祉サービス，市町村による子育て支援，要保護児童の保護措置，児童の福祉を阻害する行為の禁止等について規定している。

　さらに，助産，母子保護，保育の実施について，**要保護児童**の通告，児童福祉司による指導，施設入所，里親への委託などの措置や要保護児童対策地域協議会の設置・運営等についても規定している。

　事業及び施設：**児童居宅生活支援事業**等の開始や運営，児童福祉施設の設置，目的，設備及び運営，児童福祉施設長の義務，**里親**の養育に関する最低基準の制定等について規定している。

　費用：児童福祉法に定める各種の児童福祉行政の遂行に必要な費用について，その支弁義務者を定めるとともに，国，都道府県，市町村等の負担割合について規定している。

　なお，施設入所等の福祉の措置及び保障に必要な費用については，原則として本人またはその扶養義務者から徴収することとし，費用の全部または一部を負担することができないときには，国，都道府県または市町村が代わって負担することとしている。したがって，国または地方公共団体による費用の負担は，支弁額から徴収金を引いた残額について行われる。

　その他：法の適正かつ円滑な実施を図るため，同法に基づき**児童福祉法施行令**（政令），**児童福祉法施行規則**（厚生労働省令），**児童福祉施設最低基準**（厚生労働省令）が定められており，さらに各種通達により児童福祉法の体系が構成されている。

（3）　近年の児童福祉法改正の要点

　1997（平成9）年の児童福祉法の一部改正：この改正では，少子化の進行，共働き家庭の増加，家庭や地域の子育て機能の脆弱化といった家庭や地域を取り巻く環境の変化をふまえ，子ども家庭福祉制度を再構築し，子育てしやすい環境の整備を図るとともに，次代を担う子どもの健全育成を支援することを目的

とされた。

　主な改正内容としては，保護者が希望する**保育所**を選択できるしくみに改められたこと，住民に対する保育に関する情報提供及び保育相談に応じる努力義務が課せられたこと，児童相談体制の強化，**児童養護施設，母子生活支援施設，児童自立支援施設**の名称や機能が改められたこと等が挙げられる。

　2000(平成12)年の児童福祉法の一部改正：同年に社会福祉法が施行されたことに伴い，児童福祉法についても，児童短期入所（ショートステイ）に係る事務を都道府県から市町村に委譲，児童居宅介護等事業，児童デイサービス事業，児童短期入所事業に対する支援費支給制度の導入，障害児相談支援事業の法定化，**母子生活支援施設**と**助産施設**の**選択利用方式導入**等の改正が行われた。

　2001(平成13)年の児童福祉法の一部改正：この改正では，都市化の進行，家族形態の変容といった子どもを取り巻く環境の変化が子どもの成長に及ぼす影響にかんがみ，地域で子どもが安心して健やかに成長できるような環境を整備することが目的とされた。

　具体的には，**児童委員**の職務の明確化及びその資質向上を図ること，認可外保育施設が提供するサービスに関する**情報公開**及び**監督強化**，**保育士資格の法定化**，保育士の業務として児童の保護者に対する指導の責務の規定，認可保育所整備促進のための公設民営方式の推進等に係る措置等が挙げられる。

　2003(平成15)年の児童福祉法の一部改正：同年に次世代育成支援対策推進法が成立したことに伴い，児童福祉法についても，市町村における子育て支援事業の実施，都道府県及び市町村における保育に関する計画の作成，**乳児院，児童養護施設，母子生活支援施設**等が地域の住民に対して，子どもの養育に関する相談や助言を行うこと等が新たに規定された。

　2004(平成16)年の児童福祉法の一部改正：この改正では，子ども虐待等の問題に適切に対応できる子ども家庭相談体制の充実，児童福祉施設のあり方の見直し等が目的とされた。

　具体的には，①市町村における児童相談の実施義務，②地方公共団体における要保護児童対策協議会の設置，③乳児院及び児童養護施設の入所児童に関する年齢要件の見直し，④児童自立生活援助事業における就業支援，⑤里親の定義規定の新設と権限の明確化，⑥要保護児童に係る家庭裁判所の承認を得て行

う措置の有期限化と，保護者の指導に関する家庭裁判所の勧告，⑦慢性疾患児童の健全な育成を図るための措置，⑧保育料の収納事務の私人委託，⑨児童の売春，児童買春及び児童ポルノに関する児童の権利に関する条約の選択議定書の締結に必要な規定（国外犯処罰規定）の整備，等が新たに規定された。

　2009（平成21）年の児童福祉法の一部改正：2008年11月，国会において児童福祉法の一部を改正する法律案が可決された。この法律は「子どもと家族を応援する日本」の重点戦略をふまえ，新たな子育て支援サービスの創設，被虐待児童をはじめとする要養護児童に対する社会的養護の充実，仕事と生活の両立支援のための取り組み促進といった内容が盛りこまれている。

　具体的には，子育て支援の強化に向け，保育ママ制度のサービスの質的統一，乳児全戸家庭訪問事業の法定化のほか，社会問題化している児童虐待などの防止策として，①児童養護施設内の虐待は職員ら発見者に都道府県への通知を義務づける，②虐待された子ども本人の訴えを可能とする，③里親に研修を義務づける，などの内容が盛りこまれている。

2．児童福祉法以外の主な法律

(1) 児童扶養手当法

　この法律は1961（昭和36）年11月に制定され，翌年1月に施行された。

　同法は，父と生計を同じくしていない児童が育成される家庭の生活の安定と自立促進に寄与するため，その児童について児童扶養手当を支給することによって児童の福祉の増進を図ることを目的としている。

　具体的には，父母が婚姻を解消した児童，父が一定の障害の状態にある児童，父の生死が明らかでない児童等を，監護または養育する母等に対して支給される。ただし，母等が老齢福祉年金以外の公的年金給付を受けることができる場合等には，手当は支給されない。

　なお，手当の支給額は，全額支給と一部支給の2段階に分かれており，一部支給の手当額については，所得に応じてきめ細かく設定されている。さらに，手当の支給者が母親である場合，母が監護する児童の父から受ける養育費について，その金額の80％が所得として取り扱われる。

（2） 特別児童扶養手当等の支給に関する法律

この法律は1964(昭和39)年7月に制定され，同年9月から施行された。

同法は，精神または身体に障害を有する児童について「**特別児童扶養手当**」を支給し，精神または身体に重度の障害を有する児童に「**障害児福祉手当**」を支給するとともに，精神または身体に著しく重度の障害を有する者に「**特別障害者手当**」を支給することによって，これらの者の福祉の増進を図ることを目的としている。

特別児童扶養手当：障害児（満20歳未満であって，一定の障害の状態にある者）の父もしくは母がその障害児を監護するとき，またはその障害児の父母以外の者が養育するときに，その父もしくは母またはその養育者に対して支給される。ただし，対象児童が施設に入所している場合などは支給されない。

障害児福祉手当：重度障害児（障害児のうち，さらに重度の障害の状態にあるため，日常生活において常時の介護を必要とする者）に対して支給される。ただし，対象となる児童が肢体不自由児施設等の施設に入所している場合等には支給されない。

特別障害者手当：特別障害者（20歳以上であって，著しく重度の障害の状態にあるため，日常生活において常時特別の介護を必要とする者）に対して支給される。ただし，対象障害者が身体障害者療護施設等の施設に入所している場合等には支給されない。

（3） 母子及び寡婦福祉法

この法律は，1964(昭和39)年7月に「母子福祉法」として制定，施行された。その後，1981(昭和56)年6月の改正によって，母子家庭に加えて，かつて母子家庭の母であった寡婦に対しても福祉の措置がとられるよう規定され，現行名となった（昭和57年施行）。

同法は，母子家庭及び寡婦の生活の安定と向上のために必要な措置を講じることによって福祉の向上を図ることを目的としている。

具体的には，**母子自立支援員**の設置による身上相談や自立支援のための相談，母子福祉資金や寡婦福祉資金の貸付，公共施設内における売店等の設置の優先許可，公営住宅の確保，雇用の促進等について規定している。

2002(平成14)年の法改正によって，母子家庭等の自立促進を図るため，子育

て・生活支援，就労支援，養育費の確保，経済的支援等に関する規定が整備された。また，この改正によって，父子家庭に対する施策がこの法律において明確に位置づけられ，**母子家庭等日常生活支援事業**，保育所への入所に関する特別の配慮，扶養義務の履行等について，母子家庭だけでなく父子家庭も対象とすることが規定された。

(4) 母子保健法

　この法律は，1965(昭和40)年8月に制定され，翌年1月から施行された。

　母子保健は，かつて児童福祉法の体系のなかで取り扱われていたが，母子保健に関する諸施策を総合的，体系的に推進するために，改めてこの法律が制定されたという経緯がある。

　同法は，母性ならびに乳児，幼児の健康の増進を図るため，母子保健の原理を明らかにするとともに，母性ならびに乳幼児に対する保健指導，健康診査，医療等の措置を講じ，国民保健の向上に寄与することを目的としている。

　具体的には，妊娠の届出，母子健康手帳の交付，3歳児の健康診査，保健指導や訪問指導，未熟児養育医療，妊娠中毒症等の療養援護，母子栄養強化対策，母子健康センター等について規定されている。

　1994(平成6)年に母子保健法は改正され，1歳6か月健康診査が法制化されるとともに，妊産婦や乳幼児の保健指導，3歳児健康診査等の事業を1997(平成9)年から市町村で実施することとなり，母子保健業務における市町村の役割が強化された。

(5) 児童手当法

　この法律は，1971(昭和46)年5月に制定され，翌年1月から施行された。

　同法は，児童の養育者に児童手当を支給することによって，家庭における生活の安定に寄与するとともに，次代の社会を担う児童の健全な育成及び資質の向上に資することを目的としている。これは，日本の社会保障制度の一端を担うものとして創設されたものである。

　創設当初，児童手当は，児童（18歳未満）を3人以上監護している父母等に対して，義務教育修了前の第3子以降の児童について支給されていた。しかし，その後，幾度かの改正により，支給対象児童の拡大や所得制限の緩和などの制度的充実が図られてきた。

2006(平成18)年の改正では，対象児童がそれまでの義務教育就学前のすべての児童から，小学校6年生修了前のすべての児童に拡大され，同年4月から施行された。

(6) 児童買春，児童ポルノに係る行為等の処罰及び児童の保護等に関する法律（児童ポルノ禁止法）

この法律は，1999(平成11)年5月に制定され，11月に施行された。

同法は，児童に対する性的搾取や性的虐待によって児童の権利を著しく侵害することは看過できないという観点から，児童買春，児童ポルノに係る行為等を処罰するとともに，これらの行為等により心身に有害な影響を受けた児童を保護する措置を講ずることによって児童の権利を擁護することを目的としている。

福祉の分野では，これらの行為を未然に防止するための教育，啓発及び調査研究，心身ともに有害な影響を受けた児童に対する相談や指導，一時保護，施設入所などの保護のための措置を講ずることとされている。

(7) 児童虐待の防止等に関する法律（児童虐待防止法）

この法律は，2000(平成12)年5月に制定され，同年11月から施行された。

児童相談所における虐待相談件数は増加の一途をたどっており，虐待される児童の人権侵害や，その心身の成長及び人格形成に重大な影響を与えることが懸念される。

こうした状況を受け，同法では，児童に対する虐待の禁止，児童虐待の予防及び早期発見，児童虐待の防止に関する国及び地方公共団体の責務，児童虐待を受けた児童の保護及び自立支援のための措置等について規定し，児童虐待の防止等に関する施策を促進することを目的としている。

また，この法律は，2004(平成16)年4月に改正され，ネグレクトや心理的虐待等に関する児童虐待の定義の見直し，申告義務の拡大，警察との連携の強化方策，被虐待児童に対する支援方策等に関する規定が新たに盛りこまれた。

(8) 配偶者からの暴力の防止及び被害者の保護に関する法律（配偶者暴力防止法）

この法律は，2001(平成13)年4月に制定され，同年10月に施行された。

配偶者からの暴力（ドメスティック・バイオレンス）は，犯罪行為となるも

のであるにもかかわらず，これまで被害者の救済が十分には行われてこなかった。また，配偶者暴力は多くの場合，児童虐待と共通した心理的社会的要因やメカニズムによって発生する。このため，配偶者暴力が発生する家庭では子どもも虐待されているケースが少なくない。

こうしたこともかんがみ，同法は，直接的には被害者である配偶者を保護するとしてはいるものの，その家庭の子どもにとっても重要な意味をもつものであるといえよう。こうした考え方は，2004(平成16)年に行われた児童虐待防止法改正で，配偶者暴力が子どもへの心理的虐待に該当するとの規定が児童虐待の定義のなかに盛りこまれた点にも反映されている。

配偶者暴力防止法では，配偶者からの暴力の防止，被害者の保護に係る行政の責務，配偶者からの暴力に関する相談や指導，一時保護等を行う**配偶者暴力相談支援センター**の設置，配偶者からの暴力の発見者による通告，地方裁判所による**保護命令**に関する事項等について規定されている。

また，2004(平成16)年の同法改正では，①配偶者間暴力の定義に身体的暴力のみならず，心身に有害な影響を及ぼす言動を含むこと，②離婚後も暴力を行う元配偶者を保護命令の対象とすること，③接近禁止命令の対象を被害者のみならず一緒にいる子どもも含めること，④退去命令の期間を現行の2週間から2か月間に延長すること，⑤配偶者暴力相談支援センターの業務を市町村にまで広げること，⑥暴力の防止や被害者の保護に関する施策について，国による基本方針，都道府県による基本計画の策定を義務づけること，等が新たに盛りこまれた。

(9) 次世代育成支援対策推進法

この法律は，2003(平成15)年7月に成立した。

同法は，少子化問題が深刻化するわが国の状況をふまえ，次世代育成支援対策に関する基本理念を定めるとともに，国や地方公共団体及び企業の責務，行動計画策定等について規定したもので，次代の社会を担う子どもが健やかに生まれ，育成される社会の形成に資することを目的としている。なお，この法律は，2010(平成22)年3月31日で失効する時限立法となっている。

また，この法律の施行に伴い児童福祉法が改正され，市町村における子育て支援事業の実施や斡旋，調整，保育に関する計画の作成等について規定された。

(10) 少子化社会対策基本法

　この法律は，2003(平成15)年に成立した。

　同法は，少子化社会に対応するための施策を総合的に推進することによって，国民が豊かに安心して生活することができる社会の実現に寄与することを目的としている。家庭や子育てに夢をもち，次代の社会を担う子どもを安心して生み育てることができる社会を整備するために必要な規定が盛りこまれている。

2　児童福祉の実施体制

1．国及び地方公共団体

(1)　国の役割と機構

　児童福祉をつかさどる国の機関は，**厚生労働省**（雇用均等・児童家庭局）である。ここは，児童家庭に関する福祉行政全般に関する企画調整，監査指導，事業に必要な費用に対する予算措置等，中枢的機能を担っている。

(2)　都道府県・指定都市等の役割と機構

　都道府県は，市町村を包括する広域の地方公共団体として，市町村間の統一的な処理や連絡調整に関する事務等を行う。児童福祉に特化した内容としては，都道府県内の児童福祉事業の企画，予算措置，児童福祉施設の認可及び指導監督，児童相談所や福祉事務所，保健所の設置運営等を行っている。

　都道府県のほか，札幌市，仙台市，千葉市，さいたま市，横浜市，川崎市，静岡市，名古屋市，京都市，大阪市，堺市，神戸市，広島市，北九州市，福岡市の各指定都市は，都道府県とほぼ同様の権限をもって児童福祉に関する事務を行っている。

　また，1996(平成8)年4月より，人口規模等一定の要件を満たす市は中核市として，児童福祉施設の設置認可等，一部の児童福祉行政について，都道府県や指定都市と同様の事務を行っている。

(3)　市町村の役割と機構

　市町村は，基礎的な地方公共団体として地域住民に密着した行政事務を行っ

ている。児童福祉関係では，保育所等の児童福祉施設の設置及び保育の実施，1歳6か月児健康診査，3歳児健康診査等を行っている。

2004(平成16)年の児童福祉法改正により，市町村は，児童相談における一義的窓口となるとともに，児童相談所や福祉事務所と並んで要保護児童の通告先として位置づけられた。なお，児童福祉行政に関する国，都道府県・指定都市，市町村間における行政事務の分担内容については，図・表4-1のとおりである。

2．児童福祉審議会

(1) 設置

児童福祉に関する施策は，一般の家庭や社会との関連がきわめて深いため，行政担当者だけでなく広く一般から意見を求めて行われる必要がある。加えて，児童福祉行政の多様化・複雑化に伴い，各方面の専門家の意見を聴取し，社会のニーズに的確に対応できる施策を展開する必要がある。

こうしたことをふまえ，都道府県と指定都市には，**都道府県・指定都市児童福祉審議会**を設置することが義務づけられている（児童福祉法第8条）。ただし，地方社会福祉審議会に児童福祉に関する事項を調査審議させる都道府県・指定都市については，この限りではないとされている。また，特別区を含む市町村は，**市区町村児童福祉審議会**を設置することができる。

都道府県児童福祉審議会，指定都市児童福祉審議会，市区町村児童福祉審議会は，それぞれ，都道府県知事，指定都市の長，市区町村長の管理に属し，子ども，妊産婦，知的障害者の福祉に関し，それぞれ都道府県知事，指定都市の長，市区町村長の諮問に答え，または関係行政機関に意見を具申する等の機能を有している。

なお，国においては，中央児童福祉審議会が設置されていたが，厚生労働省設置法等の改正により，2001(平成13)年1月から社会保障審議会に統合され，児童福祉を含む社会保障全体の枠組みのなかで審議されることとなった。

また，都道府県等の児童福祉審議会は，必要に応じて社会保障審議会と資料を提供しあう等，緊密に連絡をとることとされている。

(2) 組織

児童福祉審議会は，原則として，委員（本委員）のみによって組織されるが，

図・表4-1　児童福祉行政事務分担表

項目	国（厚生労働省）
児童相談所業務	・児童相談所業務についての一般的指導助言
児童福祉施設の設置等	・児童福祉施設の最低基準維持・措置等についての一般的指導監督 ・国立児童自立支援施設等の設置運営
福祉事務所業務	・福祉事務所の児童福祉業務についての一般的指導助言
保健所業務	・保健所の母子保健業務についての一般的指導助言
身体障害児等の療育	・身体障害児等の療育関係業務についての一般的指導助言 ・指定育成医療機関の指定 ・指定療育機関の指定（国立医療機関のみ）
妊産婦・乳幼児の保健業務	・妊産婦・乳幼児の保健業務についての一般的指導助言
未熟児の養育医療	・未熟児の養育医療に関する一般的指導助言 ・指定養育医療機関の指定（国立医療機関のみ）
母子・寡婦福祉業務	・母子福祉業務についての一般的指導助言
児童委員	・児童委員の委嘱
主任児童委員	・主任児童委員の指名
児童扶養手当・特別児童扶養手当・障害児福祉手当・特別障害者手当の支給	・手当の支給についての指導助言
児童手当の支給	・児童手当の認定，支給についての一般的指導助言

（出典：才村純『児童福祉に関する法制度と実施

都道府県（指定都市）	市町村
・児童相談所の設置運営	・中核市における児童相談所の設置運営（任意）
・児童福祉施設の認可指導監督	
・乳児院，児童養護施設，知的障害児施設，知的障害児通園施設，盲ろうあ児施設，肢体不自由児施設，重症心身障害児施設，情緒障害児短期治療施設，児童自立支援施設への入所措置	・保育の実施
・里親への委託	
・助産の実施及び母子保護の実施	・助産の実施及び母子保護の実施（市及び福祉事務所をもつ町村のみ）
・児童福祉施設の設置運営（児童自立支援施設以外は任意）	・児童福祉施設の設置運営（任意）
・福祉事務所の設置運営	・福祉事務所の設置運営（市は必置・町村は任意）
・保健所の設置運営	・保健所の設置運営（中核市と地域保健法施行令で定められた市と東京都の特別区のみ）
・療育の指導等	・療育の指導等（保健所設置市及び特別区のみ）
・自立支援医療（旧・育成医療）の給付	・自立支援医療の給付
・療育の給付	・補装具の交付・修理
・指定医療機関の指定	
・妊産婦・乳幼児の保健指導（指定都市のみ）	・妊産婦・乳幼児の保健指導
・3歳児の健康診査（指定都市のみ）	・3歳児の健康診査
・1歳6か月児の健康診査（指定都市のみ）	・1歳6か月児の健康診査
・母子健康手帳の交付（指定都市のみ）	・母子健康手帳の交付
・母子健康センターの設置運営（指定都市のみ）	・母子健康センターの設置運営（任意）
・養育医療の給付	・養育医療の給付（保健所設置市のみ）
・指定養育医療機関の指定	
・母子福祉資金・寡婦福祉資金の貸付決定	・母子福祉資金・寡婦福祉資金の貸付申請書の進達
・母子自立支援員の設置	
・母子福祉施設の設置運営（任意）	・母子福祉施設の設置運営（任意）
・児童委員の指揮監督	
・主任児童委員の指揮監督	
・手当の支給決定	・障害児童福祉手当及び特別障害者手当の支給決定（市及び福祉事務所のある町村のみ）
	・手当の支給の申請の受理・進達
・児童手当の認定，支給事務についての市町村の指導助言	・児童手当の認定支給

体制』改訂・保育士養成講座編纂委員会編，『第2巻児童福祉』全国社会福祉協議会，2007，p.71）

特別の事項について調査審議する必要があるときは，臨時委員を置くことができる。委員の定数は20名以内であるが，臨時委員は定数制限がない。

　委員及び臨時委員は，児童または知的障害者の福祉に関する事業に従事する者，ならびに学識経験のある者のなかから，都道府県知事など自治体の長が任命する。

　なお，福祉審議会は合議体であり，その意見は，出席委員の過半数で決せられる。ただし，審議事項が広範囲にわたったり，時間的に制約があったりする場合等には，内容を掘り下げて審議する必要があるため，審議会内部に部会が設置されることもある。

3．児童相談所

(1) 概要

　児童相談所は，**児童福祉法**に基づき都道府県及び指定都市に設置義務があり，政令で定める市（児童相談所設置市）にも設置することができる。

　また，2004（平成16）年11月の児童福祉法改正によって，中核市等は児童相談所を設置することができるとされた。2007（平成19）年4月1日現在，全国に195か所の児童相談所があり，その数は年々増加している。

　児童相談所は，子どもに関するあらゆる問題について，家族その他からの相談に応じ，子ども一人ひとりのニーズに応じた援助活動を行うことによって，子どもの福祉と権利擁護を図ることを目的としている。

　児童相談所の業務は，主として以下のとおりである。
① 子どもに関する各般の問題について家庭等からの相談のうち，専門的な知識，技術を要するものに応じること
② 必要な調査ならびに医学的・心理学的・教育学的・社会学的・精神保健上の判定を行うこと
③ 調査，判定に基づき必要な指導を行うこと
④ 児童の一時保護を行うこと
⑤ 施設入所等の措置を行うこと
⑥ 市町村相互間の連絡調整，市町村への情報提供，その他必要な援助を行うこと

また，児童相談所の運営は，厚生労働省のガイドライン「**児童相談所運営指針**」に基づいて行われる。

(2) 職員

児童相談所には，所長，児童福祉司，児童心理司，医師，児童指導員，保育士等が配置されている。

児童福祉司：それぞれ担当する地区域がある。児童福祉司は担当区域の子ども，保護者，関係機関等からの子どもの福祉に関する相談に応じるとともに，必要な調査，社会診断を行う。また，子ども，保護者，関係者等に対して必要な助言・指導等を行う。

児童心理司：子どもや保護者の相談に応じ，診断面接，心理検査，観察等によって，子どもや保護者に対して心理診断を行う。また，子どもや保護者，関係者等に対して心理療法やカウンセリング，助言指導等を行う。

精神科医，小児科医等の医師：診察，医学的検査等による子どもの診断を行うほか，子どもや保護者に対する医学的見地からの指示や指導を行うとともに，医学的治療を行う。また，児童心理司が行う心理療法等への必要な指導や一時保護児童の健康管理等を行う。

児童指導員と保育士：一時保護した子どもの生活指導，学習指導，行動観察，行動診断等を行うとともに，児童福祉司や児童心理司等と連携して，子どもや保護者等への指導を行う。

児童相談所では，このように多くの専門職員がそれぞれの立場からの診断結果を突き合わせ，児童相談所としての総合診断（判定）を行っている。それをふまえ，個々の子どもにとって最適と考えられる援助（在宅指導，施設入所等）を決定する。

こうした異なる専門性をもつ職員で構成されたチームによる判定と援助が，児童相談所の専門性を支えているといえる。

(3) 業務

児童相談所の主な業務は，相談，調査・判定，指導，措置，一時保護等である。これら一連の相談援助活動の体系を，図・表4-2に概念的に示した。

■相談の受付

児童相談所は，児童の福祉に関するあらゆる問題について家庭その他からの

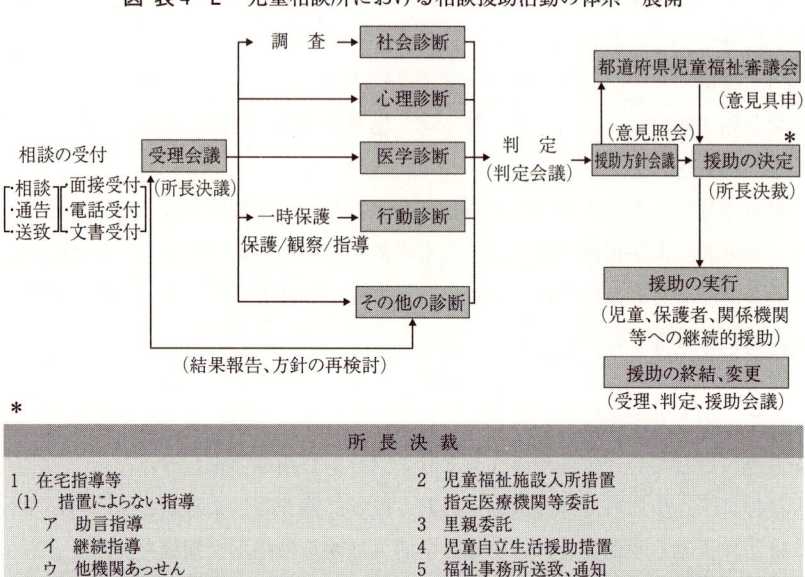

図・表 4-2　児童相談所における相談援助活動の体系・展開

```
                         調査 ──→ 社会診断
                           │
                           ├──→ 心理診断                都道府県児童福祉審議会
                           │                            (意見具申)
相談の受付                  ├──→ 医学診断     判　定   (意見照会)           *
┌相談─┬面接受付─→ 受理会議 │            (判定会議)→援助方針会議→援助の決定
│通告 │電話受付  (所長決裁) │                                      (所長決裁)
└送致─┴文書受付            │ 一時保護 ─→ 行動診断                        │
                           │ 保護/観察/指導                               ▼
                           │                                         援助の実行
                           └──→ その他の診断                       (児童、保護者、関係機関
                                                                    等への継続的援助)
                    (結果報告、方針の再検討)
                                                                     援助の終結、変更
                                                                    (受理、判定、援助会議)
```

*
所　長　決　裁
1　在宅指導等　　　　　　　　　　　2　児童福祉施設入所措置 　(1)　措置によらない指導　　　　　　　指定医療機関等委託 　　　ア　助言指導　　　　　　　　　3　里親委託 　　　イ　継続指導　　　　　　　　　4　児童自立生活援助措置 　　　ウ　他機関あっせん　　　　　　5　福祉事務所送致、通知 　(2)　措置による指導　　　　　　　　　都道府県知事、市町村長報告、通知 　　　ア　児童福祉司指導　　　　　　6　家庭裁判所送致 　　　イ　児童委員指導　　　　　　　7　家庭裁判所家事審判請求 　　　ウ　児童家庭支援センター指導　　　ア　施設入所の承認 　　　エ　知的障害者福祉司、社会福祉主事指導　イ　親権喪失宣告の請求 　　　オ　障害児相談支援事業を行う者の指導　　ウ　後見人選任の請求 　(3)　訓戒、誓約措置　　　　　　　　　エ　後見人解任の請求

(出典：厚生労働省「児童相談所運営指針」2005，を一部修正)

相談を受け付けるほか，地域住民や関係機関からの通告，福祉事務所や市町村，家庭裁判所からの送致を受け相談活動を展開する。子どもに関するあらゆる相談に応じるため，その内容は多様であるが，主たる相談種別として，**養護相談**，**障害相談**，**非行相談**，**育成相談**，**保健相談**，その他の相談に分けることができる（図・表4-3）。

また，児童相談所では，相談を受け付けた事例については定時または臨時の受理会議を開催し，主たる担当者，調査や一時保護の要否等について検討する。相談内容によっては，他の適当な機関をあっせんするか，主たる対応を関係機関にゆだね，相互に連携しながら処遇を行う場合もある。

図・表4-3 児童相談所が受け付ける相談の種類及び内容

養護相談	1. 養護相談	父か母の家出，失踪，死亡，離婚，入院，稼動，服役，棄児，被虐待児，養子縁組など
障害相談	2. 肢体不自由相談	肢体不自由児，運動発達の遅れなど
	3. 視聴覚障害相談	盲（弱視を含む），ろう（難聴を含む）
	4. 言語発達障害等相談	吃音，失語，言語発達遅滞，注意欠陥障害など
	5. 重症心身障害相談	重症心身障害児
	6. 知的障害相談	知的障害児
	7. 自閉症相談	自閉症もしくは自閉症同様の症状の児童
非行相談	8. ぐ犯相談	虚言癖，浪費癖，家出，浮浪，乱暴，性的逸脱など
	9. 触法行為相談	警察署から通告のあった児童，家裁に送致のあった児童など
育成相談	10. 性格行動相談	児童の人格発達上，問題となる反抗，友達と遊べない，落ち着きがない，内気，緘黙，不活発，家庭内暴力など
	11. 不登校相談	不登校
	12. 適性相談	進学適性，職業適性，学業不振など
	13. しつけ相談	家庭内における幼児のしつけ，性教育，遊びなど
保健相談	14. 保健相談	未熟児，虚弱児，ツベルクリン反応陽転児，内部機能障害，小児喘息など
その他	15. その他の相談	1～14以外の相談

■調査，診断，判定

「調査」は，子どもや保護者等の状況を知り，その結果によって子どもや保護者等にどのような処遇が必要であるか判断するために行われるものである。調査の方法としては，来所または訪問面接，電話や文書による照会のほか，関係機関への調査の協力要請，調査の委嘱ができることになっている。子ども虐待事例などについては，必要に応じて子どもの居所等への立入調査を行う。

「診断」は，問題に直面している子どもの状況及び家庭，地域状況などについて十分に理解し，問題解決に最も適切な専門的所見を確立するために行う。

具体的には，主に児童福祉司による「**社会診断**」，児童心理司による「**心理診断**」，医師（精神科医，小児科医）による「**医学診断**」，一時保護所の児童指導員や保育士等による「**行動診断**」，理学療法士等によるその他の診断がある。

　以上のような各種診断結果をもとに，各診断担当者等の協議によって「判定」（総合診断）を行い，個々の子どもに対する処遇指針を作成する。

■援助（処遇）

　児童相談所が子どもや保護者に対して行う援助内容については，原則として援助方針会議によって決定される。

　しかし，1997(平成9)年の児童福祉法の改正によって，「1-(2)措置による指導」「1-(3)訓戒，誓約措置」「2 児童福祉施設入所措置並びに指定医療機関等委託」「3 里親委託」について，児童相談所が新規措置，措置解除，措置変更等を行う際，児童相談所がとろうとしている措置と子どもや保護者の意向が異なる場合，及び児童相談所長が必要と認めた場合には，**都道府県児童福祉審議会**の意見をきかなければならないと規定された。

　在宅指導：在宅指導には，専門的な助言指導及びカウンセリング，心理療法，ソーシャルワーク等を継続して行う継続指導，他の機関へのあっせん等の措置によらない指導，児童福祉司指導，児童委員指導，児童家庭支援センター指導等の措置による指導がある。

　「**児童福祉司指導**」は，複雑困難な家庭環境に起因する問題をもつ子ども，援助にあたって専門的な知識や技術を要する事例に対して行われる。子どもや保護者等の家庭訪問をしたり，児童相談所に通所させたりする等の方法によって継続的な指導を行うものである。

　「**児童委員指導**」は，問題が家庭環境にあり，児童委員による家庭間の人間関係の調整，生活保護等の経済的援助等によって解決できると考えられる事例について，児童相談所が児童委員に指導を委託するものである。

　「**児童家庭支援センター指導**」は，地理的要件や過去の相談の経緯等をかんがみ，児童相談所が児童家庭支援センターに指導を委託するものである。

　児童福祉施設入所措置等：在宅による指導では，問題解決が困難と判断される場合には，施設入所措置や里親委託等によって対応する。これらの措置は，都道府県知事，指定都市や児童相談所設置市の長の権限であるが，この権限は

児童相談所長に委任することができるとされており，すべての都道府県，指定都市において，権限が児童相談所長に委任されているのが実情である。

措置の内容は，以下のとおりである。

① 乳児院，児童養護施設，知的障害児施設，知的障害児通園施設，盲ろうあ児施設，肢体不自由児施設，重症心身障害児施設，情緒障害児短期治療施設，児童自立支援施設に入所させること
② 里親に児童を委託すること
③ 家庭裁判所の審判に付することが適当であると認める児童を家庭裁判所に送致すること
④ 肢体不自由児または重度の知的障害及び重度の肢体不自由が重複している児童について，①の措置に代えて，厚生労働大臣が指定する医療機関等に委託すること

その他の援助：子どもを施設入所させる場合，親権者又は後見人の同意が必要であるが，非行や虐待の事例で，親権者又は後見人の意に反して施設入所させる必要があると判断した場合には，児童相談所は家庭裁判所に送致したり，施設入所措置の承認の申し立て，ならびに入所期間の更新に関する申し立てを行ったりすることができる。また，親権者が親権を濫用したり，著しく不行跡な場合は，親権喪失宣告や後見人の選任・解任を家庭裁判所に請求することもできる。

さらに，子どもの自立を図るために必要と認めた場合は，自立生活援助措置をとることができる。**児童自立生活援助事業**は，1997（平成9）年の児童福祉法改正で法定化されたもので，義務教育を修了した子どもに対して，その自立を図るため，共同生活を営むべき住居において，相談，その他の日常生活上の援助及び生活指導を行う事業である。実施主体は都道府県であり，都道府県以外の者に実施を委託することもできる。

■一時保護

児童相談所が必要と認める場合には，児童を**一時保護所**において一時保護するか，あるいは警察署，福祉事務所，児童福祉施設，里親，その他児童福祉に深い理解と経験を有する者（機関，法人，私人）に一時保護を委託することができる。

一時保護は，原則として2か月を超えて行うことはできないが，必要な場合は引き続き一時保護を行うことができる。また，一時保護は原則として子どもや保護者の同意を得て行うことが望ましいが，子どもをそのまま保護せずに放置することが子どもの福祉を害すると判断される場合には，保護者の同意を得ずして一時保護することができる（**職権保護**）。

一時保護を行う必要がある場合は，おおむね以下のとおりである。

緊急保護：棄児，家出児童など，現に適当な保護者または宿所がないために緊急に児童を保護する必要がある場合。虐待や放任などの理由により児童を家庭から一時引き離す必要がある場合。児童の行動が自己または他人の生命，身体，財産に危害を及ぼすまたはそのおそれがある場合。

行動観察：適切かつ具体的な処遇方針を定めるために，一時保護による十分な行動観察，生活指導などを行う必要がある場合。

短期入所指導：短期間の心理療法，カウンセリング，生活指導などが有効であると判断される場合であって，地理的に遠隔または子どもの性格，環境等の条件により，他の方法による援助が困難または不適当であると判断される場合。

■**各種事業等**

児童相談所は，上記業務の一環として，以下のような事業や業務を実施している。

- 養子縁組のあっせん
- 1歳6か月児及び3歳児精神発達精密健康診査及び事後指導
- 特別児童扶養手当，療育手帳に係る判定業務
- ひきこもり・不登校児童福祉対策モデル事業
 （ふれあい心の友訪問援助事業，ひきこもりなど児童宿泊等指導事業）
- 児童虐待防止機関連携強化事業　など

4．福祉事務所

(1)　設置

福祉事務所は，社会福祉法に基づき設置され，生活保護法，児童福祉法，母子及び寡婦福祉法，老人福祉法，身体障害者福祉法，知的障害者福祉法（**社会福祉六法**）の業務を行う第一線の総合的な社会福祉行政機関であり，児童福祉

の分野においても重要な役割を担っている。

　福祉事務所は，都道府県，市及び特別区には設置義務があり，町村は任意設置となっている。福祉事務所が設置されていない町村の事務は，都道府県の福祉事務所が行うこととされている。2006（平成18）年12月1日現在，全国に1,411か所の福祉事務所が設置されている。

（2）組織

　福祉事務所には，所長及び事務を行う職員のほか，現業事務を行う職員として**査察指導員**（現業員の指導監督を行う職員），**現業員**（社会福祉主事），身体障害者福祉司，知的障害者福祉司，老人福祉指導主事が置かれている。また，多くの福祉事務所には母子自立支援員が駐在している。

（3）児童福祉に関する業務

　実情把握及び相談・調査・指導：地域における児童及び妊産婦の福祉に関する実情を把握するとともに，児童及び妊産婦の相談に応じ，必要な調査を行い，個別的・集団的な指導を行う。専門的判定を要すると認める者は児童相談所に送致する。

　助産，母子保護の実施：助産施設及び母子生活支援施設への入所は，2000（平成12）年の児童福祉法の改正により措置制度が廃止され，保育所と同様に施設利用者が都道府県などに利用の申し込みを行い，都道府県等は当該申し込みがあったときには，利用者が希望する施設において，助産もしくは母子保護の実施を図ることとされた。

　児童相談所との関係：児童相談所が高度の専門性を要する調査・判定等の業務を担当するのに対して，福祉事務所（**家庭児童相談室**）は地域に密着した児童福祉に関する各種相談等の窓口機関としての役割を担う。

　両者の業務分担の主要な点は，①福祉事務所は比較的軽易な相談事例を扱い，児童相談所は高度な専門性を必要とする重篤な事例を扱う，②福祉事務所は，子ども会，母親クラブ等の地域組織を中心とする活動も実施するが，児童相談所は主として児童の個別的問題に対応する，等の点が挙げられる。

5．市町村

　市町村は住民にとって最も身近な自治体であり，地域の実情に応じたきめ細

かな相談支援が可能である。1990(平成2)年の社会福祉関係八法の改正により，老人福祉や障害者福祉サービスの実施主体は，都道府県から市町村に順次移行されてきた。その一方で，児童福祉サービスについては，保育や障害児の在宅福祉サービス等の一部の施策を除き，基本的には都道府県事務として位置づけられてきた。

しかし，近年の地域や家庭における子育て機能の脆弱化等，子育て環境を取り巻く変化から，2003(平成15)年の次世代育成支援対策推進法の制定とあわせて行われた児童福祉法改正によって，地域子育て支援に関するさまざまな事業が市町村事務として法定化された。

さらに，2004(平成16)年の児童福祉法改正では，従前の児童相談所一極集中の体制が改められ，市町村が児童相談の第一義窓口として位置づけられ，以下の業務が，市町村の役割として規定された。

① 児童及び妊産婦の福祉に関し，必要な実情の把握に努めること
② 児童及び妊産婦の福祉に関し，必要な情報の提供を行うこと
③ 児童及び妊産婦の福祉に関し，家庭その他からの相談に応じ，必要な調査及び指導を行うこと並びにこれらに付随する業務を行うこと
④ 上記①～③の業務のうち，専門的な知識及び技術を要するものについては児童相談所の技術的援助及び助言を求めること
⑤ 上記③の業務を行うにあたって，医学的，心理学的，教育学的，社会学的及び精神保健上の判定を必要とする場合には，児童相談所の判定を求めること

さらに，児童虐待の対応についても新たに通告先として位置づけられる等，市町村は重要な役割を果たすことが期待されている。

6．保健所

(1) 設置

保健所は，**地域保健法**に基づき，都道府県，指定都市，中核市，その他政令で定める市及び特別区に設置され，地域における保健衛生活動の中心機関である。2003(平成15)年4月1日現在，全国に576か所設置されている。

（2） 児童福祉に関する業務

保健所が行う児童福祉に関する業務は，以下のとおりである。
① 児童の保健・予防に関する知識の普及を図ること，児童の健康相談，健康診査，保健指導を行うこと
② 身体に障害のある児童及び疾病により長期にわたる療養を必要とする児童に対する療育の指導を行うこと
③ 児童福祉施設に対する栄養の改善その他衛生上の問題について，必要な助言指導を行うこと
④ 育成医療の指導を行うこと
⑤ 補装具の交付などを行うこと

地域保健法と母子保健法の改正に伴い，1997（平成9）年から，母子保健サービスの提供主体は原則として市町村に一元化されたため，市町村は市町村保健センターを設置し，健康相談や保健指導，健康診査等を行うことができるようになった。

また，2004（平成16）年の児童福祉法の一部改正により，児童相談所長は，相談に応じた児童やその保護者または妊産婦について，保健所に対して保健指導その他の必要な協力を求めることができるようになった。

7．児童委員・主任児童委員

児童委員は市町村の区域に置かれ，児童福祉に関する民間の奉仕者として地域に根ざしたきめ細かな活動を行っている。児童委員は**民生委員**を兼ねており，**厚生労働大臣の委嘱**により任命される。

また，複雑多様化する児童問題により適切に対応するため，1994（平成6）年1月に，児童福祉に関する事項を専門的に担当する児童委員として主任児童委員制度が発足した。主任児童委員は児童委員とは異なり区域は担当せず，児童福祉関係機関及び区域担当の児童委員との連絡調整，児童委員に対する援助，協力を行うとされている。

さらに2001（平成13）年の児童福祉法改正によって，主任児童委員は法上の機関としての位置づけが明確にされた。また2004（平成16）年の児童福祉法改正によって，主任児童委員は，児童委員のなかから選任されることから，児童委員

としての職務を行い得るものであることが明確化された。

児童委員の主たる職務は，以下のとおりである。
① 担当区域内の児童及び妊産婦について，その生活及び取り巻く環境の状況を適切に把握しておくこと
② 児童及び妊産婦について，その保護，保健等に関しサービスを適切に利用するために必要な情報の提供その他の援助及び指導を行うこと
③ 児童及び妊産婦の福祉を目的とする事業の経営者又は児童の健全育成に関する活動を行う者と密接に連携し，その事業又は活動を支援すること
④ 児童福祉司又は福祉事務所の社会福祉主事の行う職務に協力すること
⑤ 児童の健全育成に関する気運の醸成に努めること

また，児童虐待への取り組みとして，予防，早期発見・早期対応，再発防止等の活動に努めることとされている。

8．児童家庭支援センター

子ども虐待の増加等，子どもや家庭を取り巻く課題が複雑多様化してきており，設置数の限られた児童相談所では，地域に根ざした相談支援を行うことに限界がある。このことから，**1997（平成9）年の児童福祉法改正**によって，地域に密着したよりきめ細かな相談支援を行う新たな児童福祉施設として**児童家庭支援センター**が創設された。

主な業務内容は，以下のとおりである。
① 比較的軽微な，地域の児童福祉に関する各般の問題について相談に応じ必要な助言指導を行うこと
② 施設入所は要しないが継続的な指導が必要であると児童相談所が判断した在宅の児童やその家庭に対して，児童相談所からの指導措置の委託に基づく指導を行うこと
③ 児童委員，母子自立支援員等との連携による問題の早期発見及び児童相談所や児童福祉施設等との連絡調整を行うこと

9．民間児童福祉関係団体

以上に述べたような公的機関の他，各種の民間団体も児童福祉に関する行政

からの委託事業や施設間の連絡調整，福祉関係従事者への研修等を行ったり，行政では手の届かない独自のきめ細かなサービスを実施したりする等，幅広い活動を展開している。

　これらの団体の運営主体には，社会福祉法人，財団法人，社団法人等，法人格を有し一定の法的支配下に属するものと，法人格を有さないものとがある。

3　児童福祉の財政

1．国及び地方公共団体の負担

　児童福祉を実施するうえで必要となる資金は，主として公的資金によって賄われている。国と地方公共団体の間の財政上の負担区分については，事業の性格や内容に応じて双方に一定の負担割合が定められている。

2．国庫補助金等

　「国庫補助金等」には，補助金，負担金等がある。

　「負担金」は，地方公共団体等が行う特定の事務または事業について，特別の利害関係を有する者がその責任を分担する趣旨から，終局的な費用給付義務のある給付金であり，児童保護措置費等が該当する。

　「補助金」は，特定の事業等を行う者に対して，国または地方公共団体が，その事業の遂行の育成助長を図るために交付する給付金であり，「助成金」「奨励金」という名称が使用されることもある。

（1）　児童保護措置費

　児童保護措置費（以下，措置費）とは，児童福祉法により児童福祉施設への入所措置がとられた場合や，里親または保護受託者に養育委託された場合に，当該児童の入所・委託後の保護や養育について「児童福祉施設最低基準」を維持するために必要な費用であり，児童福祉施設等が措置の実施者から毎月「措置費」として支弁を受ける経費のことである。

　措置費は「直接費」と「間接費」に大別される（図・表4-4）。さらに，直

図・表4-4　措置費の内容

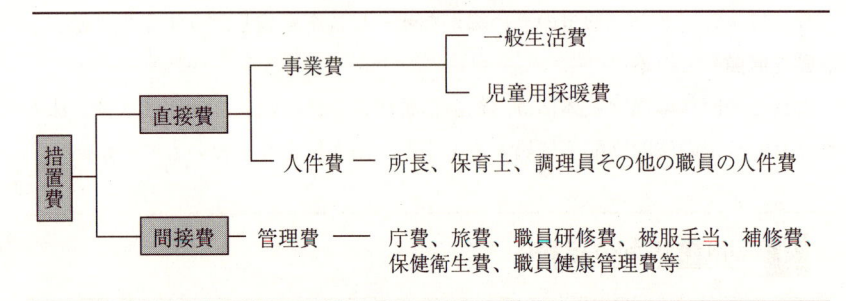

```
措置費 ┬ 直接費 ┬ 事業費 ┬ 一般生活費
       │        │        └ 児童用採暖費
       │        └ 人件費 ─ 所長、保育士、調理員その他の職員の人件費
       └ 間接費 ── 管理費 ── 庁費、旅費、職員研修費、被服手当、補修費、
                              保健衛生費、職員健康管理費等
```

（出典：厚生労働省児童家庭局監修『児童保護措置費・保育所運営費手帳（平成10年度版）』日本児童福祉協会，1998年，p.33）

接費には，事業費と人件費とがある。人権費は，職員等の人件費や施設の管理費（物件費）のことであり，施設定員払いである。事業費とは，給食や教育に係る経費等，直接子どものために使用される経費であり，定員にかかわらず現員に応じて支給される（現員払い）。

(2) 措置費の支弁，徴収，国庫負担

支弁：都道府県，指定都市や中核市が児童福祉施設への入所措置または里親等への委託措置をとった場合，措置実施者が当該児童福祉施設や里親等に対して措置費を支弁する。ただし，国立の児童福祉施設に入所措置がとられた場合には国が費用を支弁する。

費用徴収：国が措置費を支弁した場合には厚生労働大臣が，都道府県または指定都市や中核市が措置費を支弁した場合には知事または市長が，支弁した費用の全部または一部を本人またはその扶養義務者から，その負担能力に応じて徴収することができる。徴収額については，個々の世帯の所得税，市町村民税等の課税階層の区分に応じて一定の徴収額が定められている。

国庫負担：国庫の精算は，各会計年度を単位として都道府県または市町村が支弁した費用の総額と，その実支出額から措置費のためになされた寄付金を除いた額と比較して，いずれか少ないほうの額から，厚生労働大臣が定める基準によって算出した徴収金の額を除いた額を基本額として行われる。児童福祉施設等についての措置費の負担区分は，図・表4-5に示すとおりである。

図・表4-5　措置費の負担区分表

施設種別	実施主体の区分	児童等入所先施設の区分	支弁	負担区分 市町村	負担区分 都道府県 指定都市 中核市	負担区分 国
保育所	市町村	市町村立／私立施設	市町村	1/4	1/4	1/2
保育所	市町村	都道府県立施設	都道府県	／	1/2	1/2
母子生活支援施設／助産施設	市・福祉事務所を設置する町村	市町村立／私立施設	市町村	1/4	1/4	1/2
母子生活支援施設／助産施設	市・福祉事務所を設置する町村	都道府県立施設	都道府県	／	1/2	1/2
母子生活支援施設／助産施設	都道府県 指定都市 中核市	都道府県立／市町村立／私立施設	都道府県 指定都市 中核市	／	1/2	1/2
その他の児童福祉施設・里親	都道府県及び指定都市	都道府県立／市町村立／私立施設	都道府県 指定都市	／	1/2	1/2

（出典：『児童保護措置費・保育所運営費手帳（平成15年度版）』日本児童福祉協会，2004年，p.25）

措置費の保護単価：保護単価は，児童福祉施設への入所措置または里親等への委託がなされた場合，子ども1人（世帯）あたりの措置費の月額単価のことである。これに毎月の定員や措置児童数等を乗じた額が施設に支払われる。この保護単価は，毎年度のはじめに都道府県知事，指定都市・中核市の長が個々の施設を単位として各費目ごとに定めることとなっている。

なお，入所児童が少ないために定員と現員との間に著しく開きのある施設については，国庫負担の不均衡が生じないよう，その是正措置として「**暫定定員制度**」が設けられている。

保育所運営費：保育所の運営費は，地域，定員規模，子どもの年齢区分等に応じて，全国的に統一した保育単価（月額）が設定され，これが支弁の基準となっている。市町村は毎月，この保育単価に各月初日の在籍児童数を乗じた額

を保育所に対して支弁することになる。

保育単価に含まれる経費には，事務費としての職員人件費，管理費，事業費としての一般生活費（児童の給食に要する材料費及び保育に直接必要な保育材料費，炊具食器費及び高熱水費等）及び児童用採暖費が含まれる。

なお，2004(平成16)年度から，公立保育所の運営費は一般財源化（地方交付税対応）が図られている。

4 児童福祉のマンパワー

1．相談機関の専門職

（1） 児童福祉司

児童福祉司は，児童相談所において児童の保護や福祉に関する相談に応じ，専門的技術に基づいて必要な指導を行う。

任用資格要件は，以下のように児童福祉法第13条に規定されている。

① 厚生労働大臣の指定する児童福祉司もしくは児童福祉施設の職員を養成する学校その他の施設を卒業し，または厚生労働大臣の指定する講習会の課程を修了した者
② 大学において，心理学，教育学もしくは社会学を専修する学科またはこれらに相当する課程を修めて卒業した者であって，厚生労働省令で定める施設（以下，指定施設）において1年以上児童その他の者の福祉に関する相談に応じ，助言・指導その他の援助を行う業務（以下，相談援助業務）に従事した者
③ 医師
④ 社会福祉士
⑤ 社会福祉主事として，2年以上児童福祉事業に従事した者
⑥ 上記①から⑤までの者と同等以上の能力を有すると認められる者であって，厚生労働省令で定める者

なお，⑥については，児童福祉法施行規則により，次のいずれかに該当する

者と規定されている。

- 大学院において心理学，教育学もしくは社会学を専攻する研究科またはこれらに相当する課程を修めて卒業した者であって，指定施設において1年以上児童その他の者の福祉に関する相談援助業務に従事した者
- 外国の大学において，心理学，教育学もしくは社会学を専修する学科またはこれらに相当する課程を修めて卒業した者であって，指定施設において1年以上児童その他の者の福祉に関する相談援助業務に従事した者
- 社会福祉士もしくは精神保健福祉士となる資格を有する者
- 保健師または助産師であって指定施設において1年以上相談援助業務に従事した者で，かつ厚生労働大臣が定める講習会（以下，指定講習会）の課程を修了した者
- 看護師または保育士であって指定施設において2年以上相談援助業務に従事した者であり，かつ指定講習会を修了した者
- 教育職員免許法上の普通免許状を有する者であって，指定施設において1年以上（二種免許状を有する者については2年以上）相談援助業務に従事した者であり，かつ指定講習会を修了した者
- 社会福祉主事たる資格を得た後，社会福祉主事として児童福祉事業に従事した期間が2年以上である者
- 社会福祉主事たる資格を得た後，3年以上児童福祉事業に従事した者
- 児童福祉施設最低基準第21条第3項に規定する児童指導員であって，指定施設において2年以上相談援助業務に従事した者であり，かつ指定講習会を修了した者

（2）児童心理司

　児童心理司は，児童相談所において，児童や保護者等からの相談に応じ，診断面接，心理検査，観察等によって心理診断を行う，心理療法，カウンセリング等の助言指導を行う。

　資格については，児童福祉法第16条の2第3項によって，以下のように規定されている。

① 医師であって精神保健に関して学識経験を有する者またはこれに準ずる資格を有する者

② 大学において，心理学を専修する学科またはこれに相当する課程を修めて卒業した者またはこれに準ずる資格を有する者

（3） 家庭相談員

家庭相談員は，福祉事務所に設置された**家庭児童相談室**において，社会福祉主事とともに家庭児童福祉に関する相談，指導を行う職員で，非常勤として配置される。

資格要件は，以下のとおりである（「家庭児童相談室の設置運営について」昭和39年4月22日付厚生事務次官通知）。

① 大学において児童福祉，社会福祉，児童学，心理学，教育学もしくは社会学を専修する学科又はこれらに相当する課程を修めて卒業した者
② 医師
③ 社会福祉主事として，2年以上児童福祉事業に従事した者
④ 上記①から③に準ずる者で，家庭相談員として必要な学識経験を有する者

（4） 母子自立支援員

母子及び寡婦福祉法に基づく母子自立支援員は福祉事務所に配置され，母子及び寡婦の相談に応じ，その自立に必要な情報提供及び指導を行うとともに，職業能力の向上，求職活動に関する支援を行う。

設置は非常勤職員とされているが，次の要件を有する場合は常勤とすることができる。

① 社会福祉法第19条第1項各号に掲げる社会福祉主事資格に該当する者
② 児童福祉法第13条第2項第5号に掲げる児童福祉司資格に該当する者

2．児童福祉施設の専門職

（1） 保育士

保育士は，児童福祉施設において児童の保育に従事すると同時に，地域子育て支援の中核を担う専門職としての役割が期待されている。2001（平成13）年の児童福祉法改正によって，児童福祉施設の任用資格から**名称独占資格**に改められた。

保育士とは「登録を受け，保育士の名称を用いて専門的知識及び技術をもっ

て児童の保育及び児童の保護者に対する保育に関する指導を行うことを業とする者」と定義された。

保育士となる資格を有する者は、以下のとおりである。
① 厚生労働大臣の指定する学校その他の保育士養成施設の卒業者
② 保育士試験に合格した者

(2) 児童指導員

児童指導員は、児童養護施設や知的障害児施設等に配置される専門職種であり、児童福祉施設最低基準第43条で、以下のように規定されている。
① 地方厚生局長の指定する児童福祉施設の職員を養成する学校その他の養成施設を卒業した者
② 大学の学部で、心理学、教育学または社会学を修め、学士と称することを得る者
③ 高等学校もしくは中等教育学校を卒業した者もしくは通常の課程による12年の学校教育を修了した者または文部科学大臣がこれと同等以上の資格を有すると認定した者であって、2年以上児童福祉事業に従事した者
④ 学校教育法の規定により、小学校、中学校、高等学校または中等教育学校の教諭となる資格を有する者であって、厚生労働大臣または都道府県知事が適当と認めた者
⑤ 3年以上児童福祉事業に従事した者であって、厚生労働大臣または都道府県知事が適当と認めた者

(3) その他の職員

児童自立支援施設において児童の自立支援を行う**児童自立支援員**、同施設において児童の生活支援を行う**児童生活支援員**、母子生活支援施設において母子の生活指導を行う**母子指導員**、児童厚生施設に配置される児童の遊びを指導する者、乳児院や児童養護施設等において総合的な家族調整を行う**家庭支援専門相談員（ファミリーソーシャルワーカー）**等の専門職が配置される（図・表4-6）。

図・表4-6　児童福祉施設の種類と主要専門職員

施設の種類	処遇ないし職務の内容
助産施設 （法第36条）	出産援助，育児指導，健康管理
乳児院 （法第37条）	乳児の養育，家族・家庭問題への援助，自立援助（退所後も含む）
母子生活支援施設 （法第38条）	生活指導，相談，ケースワーク，保育，自立援助（退所後も含む）
保育所 （法第39条）	一般的保育，病児・障害児等特別保育，育児相談，地域交流
児童養護施設 （法第41条）	一般的養育，生活指導，学習指導，遊びの指導，ケースワーク，心理治療，自立援助（退所後も含む）
知的障害児施設 （法第42条）	介護，介助，生活指導，訓練・治療，学習指導，作業訓練・指導，ケースワーク，地域ケア
自閉症児施設 （法第42条）	医療，心理治療，生活指導
知的障害児通園施設 （法第43条）	介護・介助，生活指導，訓練・治療，ケースワーク
盲児施設 （法第43条の2）	介護・介助，生活訓練，機能訓練，作業訓練・指導
ろうあ児施設 （法第43条の2）	介護・介助，生活訓練，機能訓練，作業訓練・指導
難聴幼児通園施設 （法第43条の2）	介護・介助，生活訓練，機能金連
肢体不自由児施設 （法第43条の3）	医療，機能訓練，生活指導
肢体不自由児通園施設 （法第43条の3）	養育，機能訓練，生活指導，ケースワーク
肢体不自由児療護施設 （法第43条の4）	養育，生活指導，訓練
重症心身障害児治療施設 （法第43条の4）	医療，介護・介助，生活指導，訓練
情緒障害児短期治療施設 （法第43条の5）	医療，心理治療，生活指導，学習指導，ケースワーク，自立援助（退所後を含む）
児童自立支援施設 （法第44条）	生活指導，学習指導，職業指導，ケースワーク，心理治療，自立援助（退所後を含む），生活支援
児童家庭支援センター （法第44条の2）	児童，家庭等からの相談に応じ，必要な助言を行う。在宅指導措置に基づき指導を行う
児童館 （法第40条）	遊びの指導，地域活動育成，子ども家庭相談
児童遊園 （法第40条）	遊びの指導，グループワーク，地域活動育成

（出典：網野武博編著『児童福祉

専門職員（養育・指導・治療・訓練等担当）
助産師
医師，看護師，栄養士，保育士，児童指導員，家庭支援専門相談員
母子指導員，少年指導員，保育士，医師（嘱託）
保育士，医師（嘱託）
児童指導員，保育士，職業指導員，医師（嘱託），心理療法担当職員，家庭支援専門相談員
児童指導員，保育士，職業指導員，精神科医師（嘱託）
医師，看護師，児童指導員，保育士
知的障害児施設に準ずる
児童指導員，保育士，職業指導員，医師（嘱託）
児童指導員，保育士，職業指導員，医師（嘱託）
児童指導員，保育士，聴能訓練担当職員，言語機能訓練担当職員，医師（嘱託）
医師，看護師，理学療法士，作業療法士，児童指導員，保育士，職業指導員
肢体不自由児施設に準ずる
児童指導員，保育士，職業指導員，医師（嘱託），看護師
医師，看護師，理学療法士，作業療法士，児童指導員，保育士，心理療法を担当する職員
医師，心理療法担当職員，看護師，児童指導員，保育士，家庭支援専門相談員
児童自立支援施設長 児童自立支援専門員，児童生活支援員，職業指導員，精神科医，家庭支援専門相談員
相談・支援を担当する職員 心理療法等を担当する職員
児童の遊びを指導する者
児童の遊びを指導する者

実践と福祉専門職』『児童福祉の新展開』同文書院，2005年，p.122)

トピックス4：児童福祉を担う専門職

　児童福祉は，すべての子どもとその家庭の福祉をめざしている。そのために，さまざまな職種の専門職が働いている。

　児童福祉を担う専門職の業務は，子どもという対象者がら，非常に煩雑であり，けがをしたり病気に感染しやすかったりなど，大人と比べてはるかに危険に満ちていることが特徴である。このため，まず子どもを安全に支援することが大切である。また，集団としての子どもを支援するなかで，個々の子どもへの支援とともに，子ども間の関係性をつくること，子どもに適した支援環境を人的・物的・精神的などさまざまなレベルに配慮してつくることが大切である。

　さらに，子どもはさまざまな環境により，身体的状況や精神的状況に影響を受けやすいため，日々小さなサインを見逃さず，子どもの個々の状況を把握することが大切である。子どもの変化の背景として，家庭環境は特に大きな影響をもっている。子育てに困難を感じることが多い現代，子どものみではなく，その保護者の支援も，児童福祉分野で働く専門職には求められている。

　その代表的なものは，保育士，社会福祉士，精神保健福祉士，児童福祉司，児童指導員，母子相談員など，児童福祉に関する相談機関や児童福祉施設に勤務する援助者である。また，福祉の関連領域では，児童心理司，医師，看護師，保健師，栄養士，調理師，幼稚園・学校教諭，弁護士などが挙げられる。

　これら多様な専門職が働いているが，その他，子どもにかかわる福祉には，地域近隣，ボランティア，民生・児童委員，民間の子育て支援団体，企業など，多くの人々がかかわっている。児童福祉を担う専門職は，福祉とその関連領域はもちろんのこと，専門職以外の人々・団体などと連携して，子どもとその家庭を支援していくことが重要である。

（谷口純世）

演習問題

A. 児童福祉法の近年の改正内容のポイントを整理し，その背景にある社会情勢について考察してみよう。
B. 都道府県と市町村の児童福祉行政における役割分担について自分なりに整理し，その問題点や今後の課題について話し合ってみよう。
C. 各児童福祉施設の社会的役割と職員が果たす役割についてまとめてみよう。

5章 児童福祉サービスの現状と課題

本章では，子ども家庭福祉サービスの各領域において，それぞれの現状や課題について理解することを目的とする。

まず，少子化，保育所の待機児童の課題，母子保健や健全育成といった，あらゆる子育て家庭にかかわるニーズとそれに対する支援の根拠法，具体的なサービス内容等について理解する。

さらに，虐待や障害児，ひとり親家庭，非行，情緒障害等のニーズの実態と施策の概要について学習するとともに，最近の動向や今後の課題について理解を深める。

1 保育サービス

1．保育サービスとは

保育サービスとは，保護者に代わって乳幼児を保育するものである。従来は，保護者の就労や疾病等により保育に欠ける乳幼児を保育することをさした。

近年は，これに加えて，週に3日程度の非定型的な保育，育児疲れやリフレッシュ等による一時的な保育など多様なニーズに対応した保育が行われている。また，虐待を受けた子どもやひとり親家庭，発達障害の子どもの保育など，特別な支援が必要な子どもと家庭に対応する保育も行われている。

これらの保育サービスの中心は**保育所**が担っているが，これ以外にも家庭的保育事業，許可外保育施設，あるいはファミリーサポートセンター等の住民相互援助によるものなど，多様な保育が出現している（図・表5-1）。

図・表 5-1　保育サービスの体系

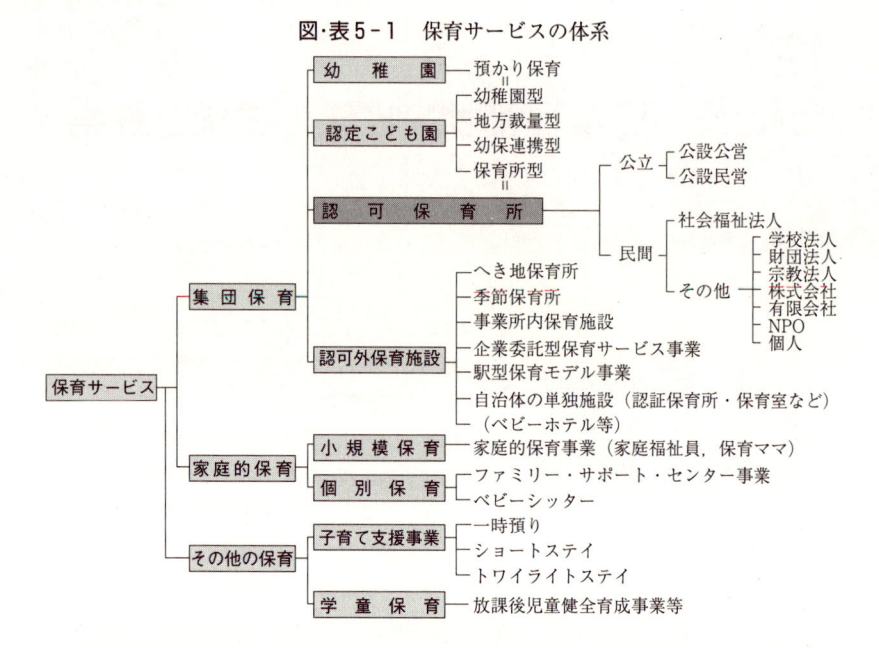

```
                          ┌ 幼　稚　園 ─── 預かり保育
                          │                  ┌ 幼稚園型
                          │                  ├ 地方裁量型
                          ├ 認定こども園 ─────┼ 幼保連携型
                          │                  └ 保育所型
                          │                                  ┌ 公設公営
                          │                          ┌ 公立 ─┤
                          │                          │       └ 公設民営
              ┌ 集団保育 ─┤ 認 可 保 育 所 ──────────┤
              │           │                          │       ┌ 社会福祉法人
              │           │                          └ 民間 ─┤        ┌ 学校法人
              │           │                                  │        ├ 財団法人
              │           │                                  │        ├ 宗教法人
              │           │                                  └ その他 ┼ 株式会社
              │           │                                           ├ 有限会社
              │           │                ┌ へき地保育所               ├ NPO
              │           │                ├ 季節保育所                 └ 個人
              │           │                ├ 事業所内保育施設
              │           └ 認可外保育施設 ┼ 企業委託型保育サービス事業
保育サービス ─┤                            ├ 駅型保育モデル事業
              │                            ├ 自治体の単独施設（認証保育所・保育室など）
              │                            └ （ベビーホテル等）
              │           ┌ 小規模保育 ─── 家庭的保育事業（家庭福祉員，保育ママ）
              ├ 家庭的保育┤                ┌ ファミリー・サポート・センター事業
              │           └ 個 別 保 育 ──┴ ベビーシッター
              │                            ┌ 一時預り
              │           ┌ 子育て支援事業┼ ショートステイ
              └ その他の保育               └ トワイライトステイ
                          └ 学 童 保 育 ─── 放課後児童健全育成事業等
```

　保育所の設置主体は，従来は原則として市町村と社会福祉法人に限られていたが，2000（平成12）年にこの制限が撤廃され，都道府県の許可を受けて学校法人・企業・NPO等が設置することができるようになった。入所のしくみや保育費等は，設置主体にかかわらず，認可保育所であればいずれも同様である。

2．保育所のしくみ

　ここでは，保育サービスのなかでも最も量的に多く，サービスの中核となっている保育所をとりあげて，そのしくみをみていくこととする。

（1）対象

　保育所は児童福祉法に基づき，保育に欠ける0歳から就学前までの乳幼児を保育することを目的とする，児童福祉施設である。

> 児童福祉法　第39条　保育所は，日日保護者の委託を受けて，保育に欠けるその乳児又は幼児を保育することを目的とする施設とする。
> ②　保育所は，前項の規定にかかわらず，特に必要があるときは，日日保護者の委託を受けて，保育に欠けるその他の児童を保育することができる。

図・表5-2　保育の実施基準

児童福祉法施行令　第27条　法第24条第1項の規定による保育の実施は，児童の保護者のいずれもが次の各号のいずれかに該当することにより当該児童を保育することができないと認められる場合であつて，かつ，同居の親族その他の者が当該児童を保育することができないと認められる場合に行うものとする。
1　昼間労働することを常態としていること。
2　妊娠中であるか又は出産後間がないこと。
3　疾病にかかり，若しくは負傷し，又は精神若しくは身体に障害を有していること。
4　同居の親族を常時介護していること。
5　震災，風水害，火災その他の災害の復旧に当たつていること。
6　前各号に類する状態にあること。

　保育に欠ける乳幼児とは，「当該児童を保育することができないと認められる場合であって，かつ，同居の親族その他の者が当該児童を保育することができないと認められる場合」であり，国が参考として示している「保育の実施基準」（図・表5-2）をもとに，各市町村が基準を定めている。

（2）　入所のしくみ

　保育所入所のしくみは，保護者と保育所とが直接的に契約をかわすものではなく，間に市町村をはさんだ契約関係となっている。つまり保護者は，市町村や保育所等の情報提供に基づいて保育所を選択し，市町村に対して希望する保育所への入所申請を行う。申し込みを受理した市町村は，保育に欠ける状況について家庭調査を行い，条例に定める基準に従って入所の可否を決定する（図・表5-3）。

児童福祉法　第24条　市町村は，保護者の労働又は疾病その他の政令で定める基準に従い条例で定める事由により，その監護すべき乳児，幼児又は第39条第2項に規定する児童の保育に欠けるところがある場合において，保護者から申込みのあつたときは，それらの児童を保育所において保育しなければならない。ただし，保育に対する需要の増大，児童の数の減少等やむを得ない事由があるときは，家庭的保育事業による保育を行うことその他の適切な保護をしなければならない。
②　前項に規定する児童について保育所における保育を行うことを希望する保護者は，厚生労働省令の定めるところにより，入所を希望する保育所その他厚生労働省令の定める事項を記載した申込書を市町村に提出しなければならない。この場合において，保育所は，厚生労働省令の定めるところにより，当該保護者の依頼

図・表5-3　保育所のしくみ

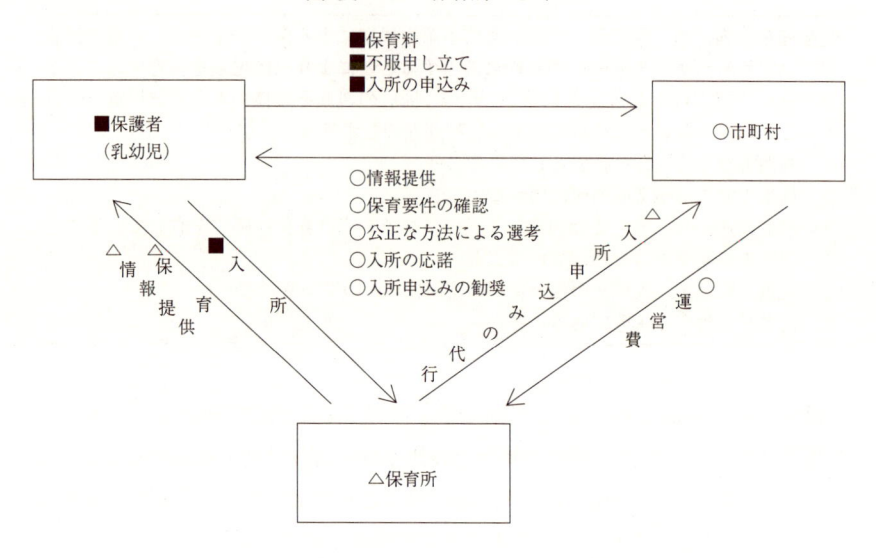

```
■保護者　　　■保育料　　　　　　　　　○市町村
(乳幼児)　　 ■不服申し立て
　　　　　　 ■入所の申込み
            ○情報提供
            ○保育要件の確認
            ○公正な方法による選考
            ○入所の応諾
            ○入所申込みの勧奨
                △保育所
```

（情報提供／入所／入所申込の代行／申込／運営費）

　を受けて，当該申込書の提出を代わつて行うことができる。
③　市町村は，一の保育所について，当該保育所への入所を希望する旨を記載した前項の申込書に係る児童のすべてが入所する場合には当該保育所における適切な保育を行うことが困難となることその他のやむを得ない事由がある場合においては，当該保育所に入所する児童を公正な方法で選考することができる。
④　市町村は，第25条の8第3項又は第26条第1項第4号の規定による報告又は通知を受けた児童について，必要があると認めるときは，その保護者に対し，保育所における保育を行うこと又は家庭的保育事業による保育を行うこと（以下「保育の実施」という。）の申込みを勧奨しなければならない。
⑤　市町村は，第1項に規定する児童の保護者の保育所の選択及び保育所の適正な運営の確保に資するため，厚生労働省令の定めるところにより，その区域内における保育所の設置者，設備及び運営の状況その他の厚生労働省令の定める事項に関し情報の提供を行わなければならない。

（3）　保育料

　市町村は，国が定めた費用徴収基準額に基づいて，保護者の所得と児童の年齢等に応じて定めた保育料を徴収する。市町村によっては独自の基準を作成している場合もあるが，その場合の差額は市町村が負担している。保育所の運営

に必要な経費は，保護者が支払う保育料（おおよそ1/2）のほかに，国（おおよそ1/4）・都道府県（おおよそ1/8）・市町村（おおよそ1/8）の公費からなり，毎月，市町村から保育所に支払われる。なお2004年（平成16）度より，公立保育所運営費は一般財源化された。

3．最低基準

　保育所の職員配置や設備等については，**児童福祉施設最低基準**に定められている。保育所における保育時間は1日につき8時間を原則とし，保護者の労働時間を考慮し，保育所の長がこれを定めることとなっている。

　また保育所の開所時間は11時間であるが，近年は都市部を中心に延長保育へのニーズが高まっており，保育時間・開所時間ともに長時間化する傾向にある。

> **児童福祉施設最低基準（保育時間）　第34条**　保育所における保育時間は，1日につき8時間を原則とし，その地方における乳児又は幼児の保護者の労働時間その他家庭の状況等を考慮して，保育所の長がこれを定める。

　職員配置については，保育所には保育士，嘱託医師及び調理員を置かなければならないが，調理業務を委託する場合は調理員を置かなくてもよい。

> **児童福祉施設最低基準（職員）　第33条**　保育所には，保育士，嘱託医及び調理員を置かなければならない。ただし，調理業務の全部を委託する施設にあつては，調理員を置かないことができる。
> 2　保育士の数は，乳児おおむね3人につき1人以上，満1歳以上満3歳に満たない幼児おおむね6人につき1人以上，満3歳以上満4歳に満たない幼児おおむね20人につき1人以上（認定こども園である保育所（以下「認定保育所」という。）にあつては，幼稚園（学校教育法第1条に規定する幼稚園をいう。以下同じ。）と同様に1日に4時間程度利用する幼児（以下「短時間利用児」という。）おおむね35人につき1人以上，1日に8時間程度利用する幼児（以下「長時間利用児」という。）おおむね20人につき1人以上），満4歳以上の幼児おおむね30人につき1人以上（認定保育所にあつては，短時間利用児おおむね35人につき1人以上，長時間利用児おおむね30人につき1人以上）とする。ただし，保育所一につき2人を下ることはできない。

　保育士とは，専門的知識及び技術をもって児童の保育及び児童の保護者に対する保育に関する指導を行う者であり，2001（平成13）年の児童福祉法改正に

よって児童福祉法に基づく国家資格となった。

　厚生労働大臣の指定する保育士を養成する学校その他の施設を卒業するか，あるいは保育士試験に合格するか，いずれかの方法で資格を取得することができ，都道府県に保育士として登録をする。この資格をもたない者が保育士と名乗ってはならないこと（名称独占），信用失墜行為の禁止，守秘義務，資質向上に努めなければならないこと，等が規定されている。

　保育士の配置は，おおむね乳児3人につき1人以上，1～2歳児6人につき1人以上，3歳児20人につき1人以上，4～5歳児30人につき1人以上と，定められている。

4．保育内容

　児童福祉施設最低基準は，保育所における保育は，養護及び教育を一体的に行うことをその特性とし，その内容については「保育所保育指針」に定められている。指針は，2008（平成20）年3月に改定され，厚生労働大臣告知となったことから，認可保育所にはこの内容を守る責務がある。

> 児童福祉施設最低基準　（保育の内容）　第35条　保育所における保育は，養護及び教育を一体的に行うことをその特性とし，その内容については，厚生労働大臣が，これを定める。

　保育所保育指針の第1章総則で，「入所する子どもの最善の利益を考慮し，その福祉を積極的に増進することに最もふさわしい生活の場でなければならない。」とその役割を規定している。

　保育所は，子どもが生涯にわたる人間形成にとって極めて重要な時期に，その生活時間の大半を過ごす場であり，保育所の保育は，子どもが現在を最も良く生き，望ましい未来をつくり出す力の基礎を培うものである。

　その目的を達成するために，保育に関する専門性を有する職員が，家庭との緊密な連携のもとに，子どもの状況や発達過程をふまえ，保育所における環境を通して，養護及び教育を一体的に行うことが保育所保育の特性である。

　さらに保育所は，保育と同時に，入所する子どもの保護者に対する支援と地域の子育て家庭に対する支援等を行う役割を担っている。

　保育所が，このような二つの機能をもつことについては，2001（平成13）年の

児童福祉法改正で，保育士の業務が「児童の保育」と「保護者への保育指導」であると規定されたことによって，法的にも明確になっている。

また保育所保育の特性は，養護と教育を一体として行うところにある。

養護として，生命や健康の維持・情緒の安定の2つ，教育として，健康（心身の健康に関する領域）・人間関係（人とのかかわりに関する領域）・環境（身近な環境とのかかわりに関する領域）・言葉（言葉の獲得に関する領域）・表現（感性と表現に関する領域）という5つの領域が設定されている。

教育に関するねらいと内容は，幼稚園教育要領とほぼ同様となっている。

保育所保育指針　第1章　総則　　2　保育所の役割

(1) 保育所は，児童福祉法（昭和22年法律第164号）第39条の規定に基づき，保育に欠ける子どもの保育を行い，その健全な心身の発達を図ることを目的とする児童福祉施設であり，入所する子どもの最善の利益を考慮し，その福祉を積極的に増進することに最もふさわしい生活の場でなければならない。

(2) 保育所は，その目的を達成するために，保育に関する専門性を有する職員が，家庭との緊密な連携の下に，子どもの状況や発達過程を踏まえ，保育所における環境を通して，養護及び教育を一体的に行うことを特性としている。

(3) 保育所は，入所する子どもを保育するとともに，家庭や地域の様々な社会資源との連携を図りながら，入所する子どもの保護者に対する支援及び地域の子育て家庭に対する支援等を行う役割を担うものである。

(4) 保育所における保育士は，児童福祉法第18条の4の規定を踏まえ，保育所の役割及び機能が適切に発揮されるように，倫理観に裏付けられた専門的知識，技術及び判断をもって，子どもを保育するとともに，子どもの保護者に対する保育に関する指導を行うものである。

保育所保育指針　第1章　総則　　3　保育の原理　　（1）保育の目標

ア　保育所は，子どもが生涯にわたる人間形成にとって極めて重要な時期に，その生活時間の大半を過ごす場である。このため，保育所の保育は，子どもが現在を最も良く生き，望ましい未来をつくり出す力の基礎を培うために，次の目標を目指して行わなければならない。

(ｱ)（養護）十分に養護の行き届いた環境の下に，くつろいだ雰囲気の中で子どもの様々な欲求を満たし，生命の保持及び情緒の安定を図ること。

(ｲ)（健康）健康，安全など生活に必要な基本的な習慣や態度を養い，心身の健康の基礎を培うこと。

(ｳ)（人間関係）人との関わりの中で，人に対する愛情と信頼感，そして人権を大

切にする心を育てるとともに，自主，自立及び協調の態度を養い，道徳性の芽生えを培うこと。
- (エ) (環境) 生命，自然及び社会の事象についての興味や関心を育て，それらに対する豊かな心情や思考力の芽生えを培うこと。
- (オ) (言葉) 生活の中で，言葉への興味や関心を育て，話したり，聞いたり，相手の話を理解しようとするなど，言葉の豊かさを養うこと。
- (カ) (表現) 様々な体験を通して，豊かな感性や表現力を育み，創造性の芽生えを培うこと。

イ 保育所は，入所する子どもの保護者に対し，その意向を受け止め，子どもと保護者の安定した関係に配慮し，保育所の特性や保育士等の専門性を生かして，その援助に当たらなければならない。　　　　　　　　　※（　）内は筆者記入

5．保育サービスの動向

(1) 保育サービスの多様化

近年，女性の社会参画の拡充や就労形態の多様化・通勤時間の長時間化が進み，これに対応する保育サービスが求められている。現在，保育対策促進事業（児童家庭局長通知「保育対策促進事業の実施について」2007.06.12 改正）として，図・表5-4のような多様なサービスの拡充が図られている。

さらに子どもと家庭をとりまく環境の変化にともなって，子育てへの社会的支援が必要とされていることから，多くの保育所では保育に欠ける乳幼児の保育と同時に，その保護者への支援を行っている。さらに，広く地域全般の乳幼児と保護者を対象にした地域子育て支援にも取り組んでいる。

その内容は，**一時保育（一時預かり）**と**地域子育て支援拠点**としての役割であり，いずれも，2008(平成20)年の児童福祉法等の改正にともなって第二種社会福祉事業として位置づけられた。

このうち拠点事業は，①子育て家庭への保育所機能の開放（施設及び設備の開放，体験保育等），②子育て等に関する相談や援助の実施，③子育て家庭の交流の場の提供及び交流の促進，④地域の子育て支援に関する情報の提供，などがあり，いろいろな行事を通じた各種の地域活動もこれに含まれる。

特に，**地域子育て支援拠点事業のセンター型**に指定されている保育所では，①子育て親子の交流の場の提供と交流の促進，②子育て等に関する相談・援助

図・表5-4　保育対策促進事業

①延長保育	11時間の開所時間を超えて実施する保育
②休日保育	就労形態の多様化に対応するため，保育所で行う日曜，祝日等の保育
③病児・病後児保育事業	児童が保育中に微熱を出すなど体調不良等となった場合等に，保護者が勤務等の都合で直ちに迎えに来られない場合に，保育所が保護者が迎えに来るまでの間預かる，当日の緊急対応等
④送迎保育ステーション施行事業	駅前等利便性の高い場所に設置した送迎保育ステーションにおける，郊外の複数の保育所への送迎とそれにともなう保育
⑤一時保育事業	専業主婦等の育児疲れ解消，急病や入院等にともない，緊急・一時的に保育が必要な児童の保育を支援
⑥保育所体験特別事業	認可保育所を利用していない親子や適切な保育を必要としている親子等に保育所を開放し，定期的な保育所体験や保育所入所児童との交流，及びベテラン保育士や医師等からのアドバイスを通じて，親子の育ちを支援
⑦地域子育て支援拠点事業	子育て家庭等に対する相談指導，子育てサークル等への支援などを実施することにより，地域の子育て家庭に対する育児を支援

の実施，③地域の子育て関連情報の提供，④子育て及び子育て支援に関する講習等の実施，が行われる。

　そのほか，地域の関係機関や子育て支援活動を行う団体等と連携して，地域に出向いた地域支援活動（①公民館や公園等地域に職員が出向いて，親子交流や子育てサークルへの援助等の地域支援活動を実施，②地域支援活動のなかで，より重点的な支援が必要であると判断される家庭への対応）などを実施している。

（2）　新待機児童ゼロ作戦

　近年，女性の社会参画が進む一方で，子育ての孤立化が進んでいることから，少子化にもかかわらず保育ニーズは拡大しており，保育所利用児童数は1995（平成7）年以降，毎年増え続けている。2007（平成19）年4月1日現在，保育所数は2万2,848か所，利用児童数は201万5,382人となっている（保育所の状況等

について，厚生労働省)。

　一方，保育所の待機児童は，2007(平成19)年4月1日現在で1万7,926人である。前年と比較して約1,900人減少しているが，待機児童が50人以上で，保育の実施の事業等の供給体制の確保に関する計画（保育計画）を策定することが義務づけられる市区町村は，74となっている。

　待機児童問題は保育サービスの重要課題であり，これを解消するために2002(平成14)年度から「待機児童ゼロ作戦」を進め，3年間で15万人以上の受け入れ児童数の増加を図った。さらに2004(平成16)年には「少子化社会対策大綱」が閣議決定された。

　そこに掲げる4つの重点課題に沿って，2009(平成21)年度までの5年間に，重点的に取り組む具体的な施策内容と数値目標を提示した「子ども・子育て応援プラン（施策の具体的実施計画について）」が策定された。

　従来のエンゼルプラン，新エンゼルプランは，保育サービスの拡充のみに目が向けられる傾向にあった。その結果として保育ニーズがいっそう拡大し，出生率にも歯止めがかからないということへの反省から，この新たな子ども・子育て応援プランは，働き方の見直しや若者の自立も含めた幅広い分野で具体的な目標を設定している。

　また，地域の子育て支援を推進して，すべての子どもと子育てを大切にする取り組みを行うことも特徴である。このために，全国の市町村で策定中の次世代育成支援に関する行動計画をふまえて目標を設定している。これを受けて保育所は，中・高校生と乳幼児のふれあいの機会を提供するなど，地域の子育て支援の拠点として，その役割がますます拡大している。

　さらに，2008(平成20)年度からは「新待機児童ゼロ作戦」がスタートした。その背景には，少子化が進むことは日本の活力にもかかわる問題であり，社会全体で取り組み，着実な効果をあげる必要があるという認識がある。

　このため，①働き方の見直しによる仕事と生活の調和（ワーク・ライフ・バランス）の実現，②親の就労と子どもの育成の両立と，家庭における子育てを包括的に支援するための「新たな次世代育成支援の枠組み」の構築，という2つの取り組みを「車の両輪」として進めていくこととした。

　希望するすべての人が安心して子どもを預けて働くことができる社会をめざ

して，サービスの受け皿を確保し，待機児童をゼロにするために，今後3年間を集中重点期間とし取り組みをすすめる。

（3） 認可外保育サービス

　保育サービスの供給不足や低年齢児の保育ニーズの高まりを受けて，児童福祉法第35条に基づき，認可を受けている保育所以外の保育サービス（図・表5－1 p.94参照）も拡大している。このような認可外保育サービスのなかには，国や地方自治体が助成しているものもある。また，**ファミリー・サポート・センター事業**のような地域の有償ボランティアによる一時預かりや，家庭的保育事業（家庭福祉員，保育ママ）のように保育者の居宅で少人数の低年齢児の保育を行うものなど，個別的な保育サービスもある。

　しかし，認可外保育施設のなかには劣悪な環境のものもあり，2000（平成12）年には認可外保育施設で児童が死亡する事件が起きた。これを契機として，2001（平成13）年に児童福祉法が改正され，都道府県知事への事業開始の届出制の創設や運営状況の報告義務など，認可外施設に対する指導監督が強化された。

（4） 幼稚園との連携

　保育所と**幼稚園**の関係をみると，児童福祉施設と学校という制度の違いはあるが，近年，その役割は接近しており，地域のすべての子どもの健全育成を図るという観点から，保育所と幼稚園との間では交流や連携が進みつつある。

　両者の連携が進む背景には，都市部では，保育所入所待機児童が多く幼稚園の活用が求められていること，その一方で過疎化が進む地方では，保育所と幼稚園とに区分すると発達に応じた子ども集団の確保が難しいという状況がある。

　2004（平成16）年には，中央教育審議会幼児教育部会と社会保障審議会児童部会の合同検討会議の審議のまとめとして，「就学前の教育・保育を一体として捉えた一貫した総合施設について」が出された。

　さらに総合施設モデル事業を経て，2006（平成18）年6月に「就学前の子どもに関する教育，保育等の総合的な提供の推進に関する法律」が成立し，10月から「**認定こども園**」がスタートした。これは都道府県知事が認定するもので，就学前の子どもに幼児教育・保育を提供し，地域における子育て支援を行う機能をもつ。

　こうした保育所と幼稚園の連携や施設の新設によって，保育の見直しや専門

性の付加がなされ，子どもと子育て家庭に対する支援の充実につながることが期待される。

2 子育て支援サービス

1．子育て支援が必要とされる背景

　近年の子どもや家族を取りまく環境は，さまざまな変化を遂げている。私たちは，物質的な豊かさに加え，個人の自由やプライバシー，多様な生き方の尊重，高学歴化，男女の平等や機会均等の促進，核家族化や家族機能の変容，さらに価値観や規範意識が変容するなかに生きている。
　家族や近隣関係の変化に目をむければ，身近な関係における子育ての伝承や協力，人とのつながりが得難くなっているといわれる。個人の自由や多様さを許容することは，自己決定が重要視され，むやみな干渉を避けるという側面をもつ反面，より所となる基準が多様化し，何を旗印としたらよいのかが見えにくいといった状況をも生みだしている。
　子育てもそのような状況のなかで営まれており，柏女（2007）は，「羅針盤がきかなくなった船の船長を演じざるをえない状況に置かれている」と，たとえている。子育て支援は，そのような時代に生きる親の子育て，子どもの健やかな育ちを応援するための手立てであり，彼らが本来もっている力をエンパワーするためのしくみである。

2．近年の子育て支援に関する考え方と法律

（1）　次世代育成支援対策推進法（2003・平成15年）

　この法律は，次の社会を担う子どもが健やかに生まれ，育成される環境の整備を図るための基本理念を定め，地方公共団体や事業主による行動計画の策定を求める等，次世代育成支援を図るための時限立法である。
　その基本理念は，「保護者が子育てについての第一義的な責任を有するという基本的認識の下に，家庭その他の場において，子育ての意義についての理解

が深められ，かつ，子育てに伴う喜びが実感されるように配慮して行われなければならない」とされ，近年の子育て支援推進の基本的な考え方となっている。

(2) 少子化社会対策基本法 (2003・平成15年)

この法律は，基本理念，国・地方公共団体・事業主・国民の責務を定めており，雇用環境の整備や保育サービス，地域における子育て支援体制の整備，母子保健医療体制の充実，ゆとりある教育の推進，生活環境の整備，経済的負担の軽減等が盛りこまれている。

この法律を受けて策定された少子化社会対策大綱の視点の1つとして，「子育ての新たな支え合いと連帯」がある。子育て・親育て支援社会をつくり，地域や社会全体で変えていくことがうたわれており，大綱を受け，2004（平成16）年には子ども・子育て応援プランが策定された。近年の子育て支援は，このような法律等によって総合的，計画的に取り組まれている。

3．子育て支援のサービス

子育て支援には，図・表5-5のような期待が寄せられている。ここでは保育，健全育成を除いた具体的な子育て支援サービスをみていくこととする。

(1) 経済的支援

児童手当（児童手当法）

児童手当は，2006（平成18）年度より，支給年齢が12歳到達後の最初の年度末までとなり，翌年度には第1子，第2子の支給額が5,000円から1万円に増額された（3歳未満児のみ）。第3子以降は，1万円で従来の額と変わらない。財源は，平成18年度より国が3分の1，地方が3分の2となっている。ただし，手当の支給には所得制限があり，支給対象や期間，手当額が諸外国と比較して格差が大きいため，今後，検討が必要とされる。

出産手当金と出産育児一時金（健康保険法）

① 出産手当金……2007（平成19）年4月より，産休中1日につき賃金（ボーナスも加えた額）の3分の2相当額が支給されている。

② 出産育児一時金……2006（平成18）年10月より，35万円が支給されている。

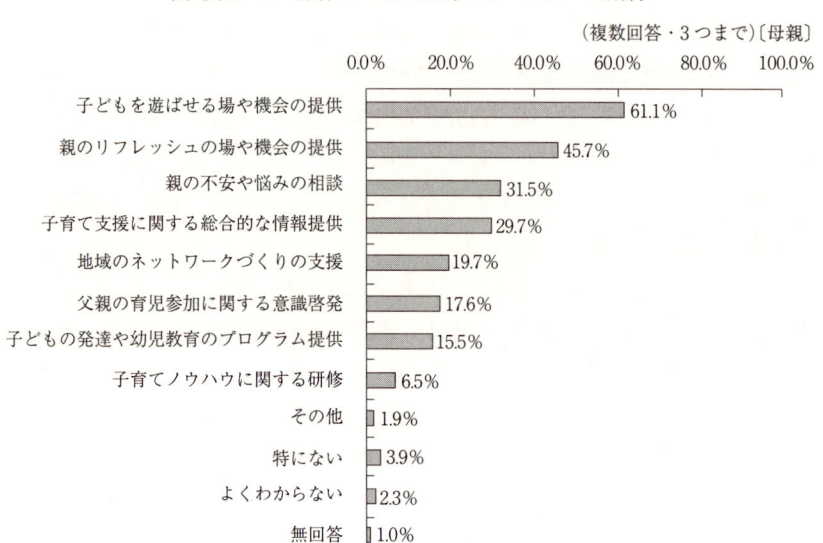

図・表 5-5　保育サービス以外のサービスへの期待

(複数回答・3つまで)〔母親〕

項目	割合
子どもを遊ばせる場や機会の提供	61.1%
親のリフレッシュの場や機会の提供	45.7%
親の不安や悩みの相談	31.5%
子育て支援に関する総合的な情報提供	29.7%
地域のネットワークづくりの支援	19.7%
父親の育児参加に関する意識啓発	17.6%
子どもの発達や幼児教育のプログラム提供	15.5%
子育てノウハウに関する研修	6.5%
その他	1.9%
特にない	3.9%
よくわからない	2.3%
無回答	1.0%

(出典：厚生労働省雇用均等・児童家庭局委託調査「子育て支援策等に関する調査研究報告書概要版」UFJ総合研究所厚生労働省ホームページ2003.3, p.42より)

(2) 仕事と生活の調和(ワーク・ライフ・バランス)のための支援

育児休業制度等(育児休業，介護休業等育児または家族介護を行う労働者の福祉に関する法律)

この制度は，1歳未満の子どもを養育する男女労働者が，子どもが1歳に達する日まで(保育所入所の待機等必要があれば1歳半まで)の希望する期間，育児休業を取得することができるというものである。

2007(平成19)年度から，育児休業給付は雇用保険から原則として休業前の賃金の50％相当が支給され，社会保険料の本人負担額が免除となる。なお，事業主は，3歳未満の子どもを養育し，育児休業を取得していない労働者に対しては，勤務時間の短縮等の措置等を講じなければならない。

(3) 子育ち・子育てのための支援

2003(平成15)年の児童福祉法改正では，①児童及びその保護者等の住居において保護者の児童の養育を支援する事業，②保育所等において，保護者の児童

の養育を支援する事業,③地域の児童の養育に関する各般の問題に基づき保護者からの相談に応じ,必要な情報の提供及び助言を行う事業を子育て支援事業として法定化した。また,これらの事業に関する情報の提供,相談・助言,利用のあっせん,調整等,コーディネートの役割と機能を市町村の責務として定めた。子育て支援のサービスには,以下のものが挙げられる。

子育て短期支援事業

これは,保護者の病気等の理由で一時的に子どもの養育が困難な場合や,経済的な理由から緊急一時的に母子を保護する必要がある場合等に,保護を適切に行うことができる児童養護施設等の施設で一定期間養育や保護を行い,子どもと家庭の福祉を図る目的で行われる事業である。

一定期間の養育・保護をする短期入所生活援助事業（ショートステイ）と,平日の夜間や休日に生活指導や食事の提供等を行う夜間養護等事業（トワイライトステイ）があり,実施主体は市町村である。

施設における子育て支援事業は,上記事業のほか,放課後児童健全育成事業や特別保育事業等がある。

ファミリー・サポート・センター事業

育児の援助を必要とする人と育児を援助しようとする人が会員登録し,一定の利用料を徴収して運営される事業である。たとえば,保育所の保育開始時間前や終了時間後に子どもを預かる,または送迎等の際に利用されることが多い。

なお,病児・病後児の預かりや送迎をしてきた緊急サポートネットワーク事業とセンター事業との再編,及びセンター事業の機能強化に向け,平成21年度予算案に「病児・緊急対応強化モデル事業（案）」が盛りこまれている。これにより,病児・病後児の預かりや早朝・夜間等緊急時の預かり等を行うこととなる。

サービス調整事業

地域における多様な子育て支援サービスの情報を一元的に把握する子育て支援総合コーディネーターの配置等,子育て支援事業推進のための基盤整備に必要とされる子育て支援基盤整備事業が含まれる。

さらに,2008(平成20)年度より,要保護児童対策地域協議会と先述の訪問事業との連携強化として,子どもを守る地域ネットワーク機能強化事業が始まっ

（4） 児童福祉法の一部改正による子育て支援の充実（図・表5-6）

2008（平成20）年に成立した児童福祉法の改正により，以下の①～④の事業を子育て支援事業として法定化し，平成21年4月に制度化の予定である。また，この法定化にともない第二種社会福祉事業となり，省令による基準等の設定や都道府県知事への届出・指導監督を受けることにより，一定の質を確保することとなった。

① 乳児家庭全戸訪問事業……市町村における生後4か月までの乳児のいるすべての家庭を訪問し，子育てに関する情報提供，乳児と保護者の心身の状況と養育環境の把握，養育に関する相談，助言等を行う事業である。

② 養育支援訪問事業……①の実施等により把握した要支援児童や要保護児童とその保護者，特定妊婦に対し，養育が適切に行われるよう訪問による育児，家事の援助や相談，指導，助言等を行う事業である。

③ 地域子育て支援拠点事業…乳幼児とその保護者が相互に交流する場を提供し，子育てに関する情報提供，相談，助言等を行う事業である。2007年度よりつどいの広場事業と地域子育て支援センター事業を再編し，地域の子育て支援機能の充実を図るために創設された（図・表5-7）。

④ 一時預かり事業…家庭における保育が一時的に困難になった乳幼児に対し，主に昼間，保育所等で預かり，必要な保育を実施する事業である。

さらにこの児童福祉法の改正では，家庭的保育事業も法定化された。

⑤ 家庭的保育事業（平成22年4月施行）……保育に欠ける乳幼児を家庭的保育者の居宅等で保育する事業。市町村の保育の実施責任に関する規定に，保育所の保育を補完するものとして位置づけることとなった。事業の実施にあたっては事前に都道府県に届出をし，その指導監督を受けることとなる。

4．子育て支援の今後の課題

現在の基本的な子育て支援サービスは，必要とする子どもや親が利用できるしくみとなることが求められている。同時に，在宅子育て家庭も含めた，公平なサービスのあり方も課題となっている。つまり，親の就労状況によって利用

図・表5-6 子育て支援事業の定義規定のイメージ

1 乳児家庭全戸訪問事業
市町村内における原則としてすべての乳児のいる家庭を訪問することにより，厚生労働省令で定めるところにより，①子育てに関する情報の提供，②乳児及びその保護者の心身の状況及び養育環境の把握を行うほか，③養育についての相談に応じ，助言その他の援助を行う事業

2 養育支援訪問事業
厚生労働省令で定めるところにより，乳児家庭全戸訪問事業の実施その他により把握した①保護者の養育を支援することが特に必要と認められる児童及びその保護者，②保護者に監護させることが不適当であると認められる児童及びその保護者，③出産後の養育について出産前において支援を行うことが特に必要と認められる妊婦に対し，その養育が適切に行われるよう，これらの者の居宅において，養育に関する相談，指導，助言その他必要な支援を行う事業

3 地域子育て支援拠点事業
厚生労働省令で定めるところにより，乳児又は幼児及びその保護者が相互の交流を行う場所を開設し，子育てについての相談，情報の提供，助言その他の援助を行う事業

4 一時預かり事業
家庭において保育を受けることが一時的に困難となった乳児又は幼児について，厚生労働省令で定めるところにより，主として昼間において，保育所その他の場所において，一時的に預かり，必要な保護を行う事業

5 家庭的保育事業
保育に欠ける乳児又は幼児について，家庭的保育者（市町村長が行う研修を修了した保育士その他の厚生労働省令で定める者であって，これらの乳児又は幼児の保育を行う者として市町村長が適当と認めるものをいう。）の居宅その他の場所において，家庭的保育者による保育を行う事業

（出典：独立行政法人福祉医療機構ホームページ「全国児童福祉主管課長・子育て応援特別手当関係課長会議資料，H21.1.8開催」より）

の可否が決まる保育所保育ばかりでなく，今後はそれ以外のサービスをも充実させ，家庭養育を支えるしくみとして子育て支援をとらえていく必要がある。

さまざまな要因で起こる虐待の増加等が指摘されるなか，子どもにとって生活の場である市町村において，自然な支援が受けられるよう，将来的には，子育て支援と要保護児童の福祉の連続性を確保できるしくみが求められる。

図・表5-7 地域子育て支援拠点事業

	ひろば型	
機能	常設のつどいの場を設け，地域の子育て支援機能の充実を図る取組を実施	地域の子育て支援情報般に関する専門的な支共に，地域支援活動を
実施主体	市町村（特別区を含む。）社会福祉法人，NPO法人，民間事業者等への委託等	
基本事業	①子育て親子の交流の場の提供と交流の促進 ③地域の子育て関連情報の提供	
実施形態	①〜④の事業を児童館の学齢児が来館する前の時間を活用し，子育て中の当事者や経験者をスタッフに交えて実施	①〜④の事業の実施子育て支援活動を行に出向いた地域支援
	・出張ひろばの実施（市町村直営の場合を除く。）（加算） （既にひろば事業を実施している主体が，翌年度の常設ひろば開設のステップとして，週1〜2回出張ひろばを開設する場合に加算） ・地域の子育て力を高める取組の実施（加算） ①中・高校生や大学生等ボランティアの日常的な受入・養成の実施 ②世代間や異年齢児童との交流の継続的な実施 ③父親サークルの育成など父親のグループづくりを促進する継続的な取組の実施 ④公民館，街区公園，プレーパーク等の子育て親子が集まる場に，職員が定期的に出向き，必要な支援や見守り等を行う取組の実施	・地域支援活動の実施 ①公民館や公園等地や子育てサークル施 ②地域支援活動の中あると判断される
従事者	子育て支援に関して意欲があり，子育てに関する知識・経験を有する者（2名以上）	保育士等
実施場所	公共施設空きスペース，商店街空き店舗，民家，マンション・アパートの一室等を活用	保育所，医療施設等で施
開設日数等	週3〜4日，週5日，週6〜7日， 1日5時間以上	

※地域子育て支援センター（小規
（出典：厚

センター型	児童館型 (「民間児童館活動事業」の中で実施)
の収集・提供に努め，子育て全援を行う拠点として機能すると実施	民営の児童館内で一定時間，つどいの場を設け，子育て支援活動従事者による地域の子育て支援のための取組を実施
も可	
②子育て等に関する相談・援助の実施 ④子育て及び子育て支援に関する講習等の実施	
に加え，地域の関係機関やう団体等と連携して，地域活動を実施	①～④の事業を子育て親子が気軽に集い，うち解けた雰囲気の中で語り合い，相互に交流を図る常設の場を設けて実施
域に職員が出向いて，親子交流への援助等の地域支援活動を実で，より重点的な支援が必要で家庭への対応	・地域の子育て力を高める取組の実施（加算） ○ひろばにおける中・高校生や大学生等ボランティアの日常的な受入・養成の実施
（2名以上）	子育て支援に関して意欲があり，子育てに関する知識・経験を有する者（1名以上）に児童館の職員が協力して実施
実施するほか，公共施設等で実	児童館
週5日以上 1日5時間以上	週3日以上 1日3時間以上

模型）については，3年間の経過措置期間内（平成21年度末まで）に，ひろば型かセンター型へ移行
生労働省雇用均等・児童家庭局育成環境課「全国児童健全育成事務担当者会議追加資料」2007より）

3 健全育成サービス

1. 健全育成とは

　今日の児童福祉の理念は，特別な保護が必要な子どもを対象とする「ウエルフェア（保護）」から，すべての子どもを対象とした「**ウエルビーイング（自己実現，よりよい生活）**」へと，転換しつつある。そもそも児童福祉法の第1条は，すべての子どもが安全で愛されて育つ権利をもち，保護者・国・地方公共団体・国民のすべてがそのための責務を担うことを規定している。

> **児童福祉法　第1条**　すべて国民は，児童が心身ともに健やかに生まれ，且つ，育成されるよう努めなければならない。
> ②　すべて児童は，ひとしくその生活を保障され，愛護されなければならない。
> **第2条**　国及び地方公共団体は，児童の保護者とともに，児童を心身ともに健やかに育成する責任を負う。

　健全育成とは，この理念の具現化をめざすものであり，すべての子どもが健やかに育っていくための社会的支援である。したがって広義には，子ども家庭福祉全体に加えて，母子保健・教育等をも横断した，子どもにかかわるすべての大人が協力して子どもの最善の利益を図ることである。

　ただし狭義の意味では，直接的に子どもにかかわり，その健やかな育ちを支えるためのサービスをさしている。ここでは狭義の健全育成サービスを取りあげ，具体的な内容をみていくこととする。

2. 児童厚生施設

　児童厚生施設とは，子どもが自由に利用できる児童福祉施設であり，屋内の施設である「**児童館**」と，屋外の遊び場である「**児童遊園**」を合わせた総称である。両施設とも，地域のすべての子どもを対象とし，遊びを通して，子どもの生活の安定と子どもの心身の成長・発達を支援していく地域拠点である。

> **児童福祉法　第40条**　児童厚生施設は，児童遊園，児童館等児童に健全な遊びを与えて，その健康を増進し，又は情操をゆたかにすることを目的とする施設とする。

子どもは十分に遊び充実感を味わうことで，心身の健康や発達が促され，社会性や情操が豊かに育つ。さらに，体験が豊かになり，自主性，創造性，意欲，協調性，思いやり，責任感など，さまざまな心の発達を促すうえでも欠かすことができない。特に近年，子どもをとりまく環境の変化や少子高齢社会の急激な進展によって遊びが不足している。また子ども自身の育ちの問題も表面化しており，児童厚生施設の活動がいっそう重要となっている。

　高度経済成長の始まった1963(昭和38)年に，児童館への国庫補助制度が創設され，施設の整備費などに国から補助金が交付されることとなった。これをきっかけに児童館は急激に増え続け，2006(平成18)年10月1日現在，4,718か所となっている（平成18年　社会福祉施設等調査結果の概況，厚生労働省大臣官房統計情報部）。ただし，地域によって設置数の格差が大きいことが課題である。

　児童館は大きさや活動ごとに，小型児童館，児童センター，大型児童館の3種類に分かれている。これについては，「児童館の設置運営について（平成2年8月7日，各都道府県知事・各指定都市市長あて厚生事務次官通知，発児第123号）」に詳しく記載されている。その内容を整理したものが図・表5-8である。

　児童福祉施設最低基準には，職員として「児童の遊びを指導する者」を配置すること，集会室，遊戯室，図書室を設置することが定められており，その他に工作室や音楽室などが設けられているところもある。またクラブ活動や映画会，夏祭り，お化け大会などの行事を行うところもある。

児童福祉施設最低基準　第6章　児童厚生施設
（設備の基準）
第37条　児童厚生施設の設備の基準は，次のとおりとする。
　1　児童遊園等屋外の児童厚生施設には，広場，遊具及び便所を設けること。
　2　児童館等屋内の児童厚生施設には，集会室，遊戯室，図書室及び便所を設けること。
（職員）
第38条　児童厚生施設には，児童の遊びを指導する者を置かなければならない。
　2　児童の遊びを指導する者は，次の各号のいずれかに該当する者でなければならない。
　　1　地方厚生局長等の指定する児童福祉施設の職員を養成する学校その他の養成施設を卒業した者

図・表5-8　児童館の種類と活動内容

小型児童館	小地域を対象として，児童に健全な遊びを与え，その健康を増進し，情操を豊かにするとともに，母親クラブ・子ども会等の地域組織化活動の育成助長を図る等，児童の健全育成に関する総合的な機能を有する
児童センター	小型児童館の活動に加えて，子どもの体力増進をるための特別指導を行うことも目的とする。また中学生，高校生等の年長の児童に対する特別の育成機能をもつ児童館もここに含まれる
大型児童館	都道府県内などの広い地域の子ども対象とする
A型児童館	A型児童館は児童センターの機能のほかに，都道府県内の各児童館の間の指導や連絡調整を行うものであり，中央児童館としての役割を果たす
B型児童館	豊かな自然環境に恵まれた一定の地域内に設置し，児童が宿泊しながら，自然を活かした遊びを通して協調性，創造性，忍耐力等を高めることを目的とし，児童センターの機能に加えて，自然の中で児童を宿泊させ，野外活動が行える機能を有する
C型児童館	広域を対象として児童に健全な遊びを与え，児童の健康を増進し，又は情操を豊かにする等の機能に加えて，芸術，体育，科学等の総合的な活動ができるように，劇場，ギャラリー，屋内プール，コンピュータプレイルーム，歴史・科学資料展示室，宿泊研修室，児童遊園等が適宜附設され，多様な児童のニーズに総合的に対応できる体制にある

　　2　保育士の資格を有する者
　　3　学校教育法の規定による高等学校若しくは中等教育学校を卒業した者，同法第90条第2項の規定により大学への入学を認められた者若しくは通常の課程による12年の学校教育を修了した者（通常の課程以外の課程によりこれに相当する学校教育を修了した者を含む。）又は文部科学大臣がこれと同等以上の資格を有すると認定した者であつて，二年以上児童福祉事業に従事したもの（*以下省略）
（遊びの指導を行うに当たつて遵守すべき事項）
第39条　児童厚生施設における遊びの指導は，児童の自主性，社会性及び創造性を高め，もつて地域における健全育成活動の助長を図るようこれを行うものとする。
（保護者との連絡）
第40条　児童厚生施設の長は，必要に応じ児童の健康及び行動につき，その保護者に連絡しなければならない。

　児童館の対象は0歳から18歳までの子どもすべてであるが，一般的には小学生の利用が最も多い。ただし近年は中学生・高校生を対象とした活動や，乳幼児とその保護者など，範囲が広がっている。中学生・高校生の時期は，心も身体も大きく変化する時期であり，いらだちや大人への反発など，多くの葛藤を

抱えている。このような揺れる思春期児童の「社会参画」と「居場所」としての活動を積極的に展開する児童館もみられる。

　1999（平成11）年度から，非行の防止や健全育成を図るために，地域の居場所づくり事業が展開されているが，児童館はこの中心的役割を担っている。

　一方で，子どもだけではなく，家庭を支援することも児童館の役割であり，特に幼稚園入園前の幼児とその母親が地域で孤立しないよう，就学前親子を対象とした活動やひろば事業を展開する児童館が多くなってきている。さらに遊びや交流だけではなく，子ども自身や親からの相談に応じたり，子どもの安定や自立には，生活環境の安定が不可欠であることから，地域の母親クラブ，子ども会，ボランティアを育成したり，学校をはじめとする地域の機関・施設と連携して地域の組織化に積極的に取り組んだりする児童館も広がってきている。

　つまり児童館は，子どもの遊びを支援するだけではなく，一人ひとりの状況を把握してそれぞれに応じた直接的な援助を行い，子ども自身や家庭からの相談に応じることで，子どもの安定や自立を支援する。また地域を対象として，子どもの健全育成や子育て家庭への支援の拠点として，ソーシャルワーク活動を展開している。

3．放課後児童健全育成事業

（1）　放課後児童健全育成事業

　学童保育は，従来から地域や児童館等で取り組まれてきたが，1997（平成9）年の児童福祉法の改正で「放課後児童健全育成事業」として，法に基づく第二種社会福祉事業として位置づけられた。

　放課後児童健全育成事業とは，小学校に就学しているおおむね10歳未満の児童であって，保護者が就労している等の理由で昼間家庭にいない場合に，授業の終了後に，児童厚生施設等の施設を利用して適切な遊び及び生活の場を与えて，その健全な育成を図る事業をいう。

（2）　放課後子どもプラン

　「放課後子どもプラン」は，地域社会のなかで，放課後や週末等に子どもたちの安全で健やかな居場所作りを進めるために，2007（平成19）年度よりスタートした。前述した「放課後児童健全育成事業（厚生労働省）」と「**放課後子ども教**

室推進事業（文部科学省）」とを一体的あるいは連携して実施する総合的な放課後対策である。

　文部科学省が管轄する「放課後子ども教室推進事業」は，すべての子どもを対象に，地域住民の参画を得て，学習やスポーツ・文化活動等の取り組みを推進するものである。厚生労働省が実施する「放課後児童健全育成事業」は，保護者が労働等により昼間家庭にいないおおむね10歳未満の児童に，適切な遊び及び生活の場を提供するものである。

　具体的には，小学校や公民館，児童館などを活用して放課後や週末等の子どもたちの適切な遊びや生活の場を確保したり，小学校の余裕教室などを活用したりして，地域住民の参画を得ながら，学習やスポーツ・文化活動，地域住民との交流活動などの取り組みを実施する。

　このために，各小学校区ごとに，学校や関係機関・団体等との連絡調整，活動プログラムの企画・策定等を行うコーディネーターを配置する。学習活動やスポーツ・文化活動，地域住民との交流活動等のさまざまな活動機会の提供や，放課後児童クラブ対象児童に対する現行水準と同様のサービス（適切な指導員の配置，専用のスペースの確保等）の提供を行う。

　したがって行政や学校だけではなく，地域住民の参画が必要であり，この取り組みを通した地域コミュニティの形成によって，地域社会全体で地域の子どもたちを見守り育む気運の醸成が図られ，子どもを育てやすい環境の整備につながることが期待される。

4．地域子育て支援

　子どもが健やかに育つためには，その背景にある家庭の子育てを支援することが重要である。特に今日，乳幼児を育てている家庭が孤立しないように，地域で親子の交流や社会的支援を充実していくことが求められている。これについては，2007(平成19)年度から，つどいのひろば事業，保育所による地域子育て支援センター事業，児童館による幼児活動が一つに再編され，「地域子育て支援拠点事業」として展開している。なお，2008(平成20)年の児童福祉法等の改正にともなって，拠点事業は第二種社会福祉事業となった。

　また1997(平成9)年に，子育て支援サービスや子育て支援コーディネーター

が児童福祉法に位置づけられたが，2000(平成20)年には，さらに児童福祉法を改正し，**乳児家庭全戸訪問事業**（生後4か月までの全戸訪問事業），**養育支援訪問事業**（育児支援家庭訪問事業），地域子育て支援拠点事業，一時預かり事業等の子育て支援事業を法律上位置づけることによって，質の確保された事業の普及促進が図られることとなった。

5．地域組織活動

地域の健全育成を進めるうえで必要な地域組織活動には，子ども自身の集団活動を育成する子ども会や，親子や世代間交流・文化活動・学習活動・児童の事故防止活動等を行う親の会やボランティア活動などがある。

その中心となっているものとして，幼児や小学校低学年の子どもをもつ母親による母親クラブがある。母親同士の話し合いや情報交換，研修活動によって，子育てに関する知識や技術を高め，また母親同士の協力関係を強めることによって，子どもの社会性の発達を促すものである。保育所・母子生活支援施設・児童厚生施設・児童相談所等の協力団体として，連携して児童福祉の増進を図る役割ももつ。なお，全国母親クラブ協議会は，2002(平成14)年度から**全国地域活動連絡協議会**に名称変更した。

地域の健全育成を図るためには，それぞれの単独での活動だけではなく，地域の子どもにかかわる機関・施設，社会資源，地域住民等が密接に連携して，地域全体で子どもを育成する体制を形成していくことが重要である。

6．児童文化

子どもの健全育成を図るうえで，出版物，放送・映画，演劇などの文化財の影響は大きい。このため，社会保障審議会及び都道府県児童福祉審議会には，子どもの福祉を図るために，芸能，出版物，がん具，遊戯等を推薦し，それらを製作・興行，販売する者等に対し，必要な勧告をする権限が与えられている。

> **児童福祉法　第8条第7項**　社会保障審議会及び都道府県児童福祉審議会（第1項ただし書に規定する都道府県にあつては，地方社会福祉審議会とする。第27条第6項，第33条の12第1項及び第3項，第33条の13，第33条の15，第46条第4項並びに第59条第5項及び第6項において同じ。）は，児童及び知的障害者の福祉を図るた

め，芸能，出版物，がん具，遊戯等を推薦し，又はそれらを製作し，興行し，若しくは販売する者等に対し，必要な勧告をすることができる。

7．児童育成事業推進等対策事業

児童の健全育成に資する模範的・先駆的な事業等を実施することにより，児童育成事業の普及や次世代育成支援対策等のいっそうの推進を図ることを目的として行われる。事業内容は次のとおりであり，全国的な推進を図ろうとする際のモデルとなり，その成果等を全国に向けて発信することができる取り組みを対象としている。

① 児童育成のための普及啓発事業
② 児童健全育成に資する模範的・奨励的事業
③ 児童福祉，次世代育成支援対策等の推進に関し，児童福祉施設・地域住民・社会福祉法人・民法第34条に基づく公益法人・特定非営利活動法人・ボランティア等に対する普及啓発事業
④ 児童福祉の向上に資する各種研修会・連絡会議
⑤ 児童福祉の向上を図るための開発・研究事業

4 母子保健サービス

1．母子保健とは

母子保健とは，母性および乳幼児の健康の維持・増進を図ることを目的とし，健康指導，健康診査，医療援護そのほかのサービスを提供するものである。子どもが健康に生まれ，育てられる基盤となる母性を尊重・保護し，子ども自身が生まれながらにして本来もっている発育・発達する能力を援助していく。

そのため，対象を乳幼児と妊産婦に限定せず，成人や環境に対しても一貫性・連続性のあるサービスを提供することにより，国民保健の向上に寄与することを目的として取り組まれている。

かつての日本においては，乳児・妊産婦の死亡率の低下や栄養改善，感染症

図・表5-9　乳幼児・妊産婦の死亡率

	1950年	1955年	1965年	1975年	1985年	1995年	2005年
妊産婦	161.2	161.7	80.4	27.3	15.1	6.9	5.7
0～4歳	1,989.2	1,074.8	523.4	260.5	145.3	118.3	73.9
5～9歳	207.7	129.0	57.8	36.1	21.1	19.0	11.1
10～14歳	117.4	68.9	39.4	24.9	16.5	15.9	9.8
15～19歳	247.7	127.4	68.0	60.2	47.2	39.6	27.6

(注：妊産婦は出生100,000対，他は年齢階級人口100,000対)

(出典：厚生労働省大臣官房統計情報部「人口動態統計」2005より)

対策等に重点がおかれていた。しかし，現在は子どもを取り巻く環境が変化しつつあるなかで，多様化・高度化する個々の環境の整備や福祉的支援の充実が，母子保健の社会的ニーズとして高まっている。

2．母子保健の沿革

(1) 死亡率の減少

かつての日本における母子保健サービスは，乳幼児や妊産婦の疾病の予防を通じて，死亡率の減少をめざすことに重点をおいていた。第二次世界大戦後の乳幼児と妊産婦の死亡率の年次推移をみると，戦後ほぼ一貫して乳幼児死亡率，妊産婦死亡率ともに減少し続けている（図・表5-9）。

これは，衛生環境や栄養状態などの生活水準，医療技術の向上，国民皆保険制度の確立などによるものである。諸外国と比較しても，乳幼児の死亡率は非常に低くなっており，日本の母子保健の水準の高さを反映していることがわかる（図・表5-10）。

(2) 現状

現在は，すべての子どもの健全育成をめざすことが母子保健サービスの目的とされ，保健と福祉の連携など，新しい母子保健福祉システムの構築が求められている。近年，全国各地に新生児集中治療管理室が設置され，総合周産期母子医療センターが整備されてきているほか，高度な不妊治療も一般化しつつある。

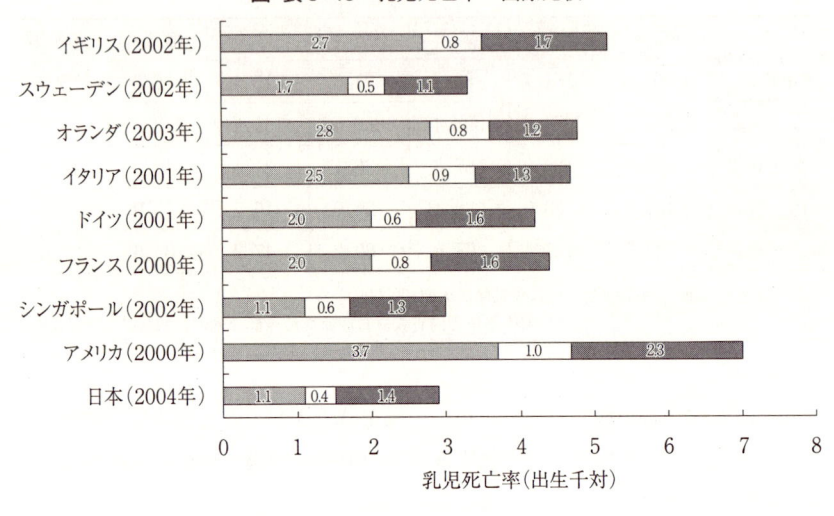

図・表5-10 乳児死亡率の国際比較

国（年）	早期新生児死亡率(1週未満)	新生児死亡(4週未満)	乳児死亡(1年未満)
イギリス(2002年)	2.7	0.8	1.7
スウェーデン(2002年)	1.7	0.5	1.1
オランダ(2003年)	2.8	0.8	1.2
イタリア(2001年)	2.5	0.9	1.3
ドイツ(2001年)	2.0	0.6	1.6
フランス(2000年)	2.0	0.8	1.6
シンガポール(2002年)	1.1	0.6	1.3
アメリカ(2000年)	3.7	1.0	2.3
日本(2004年)	1.1	0.4	1.4

乳児死亡率（出生千対）

（出典：厚生統計協会『母子保健の主な統計』2005より）

3．母子保健サービスの実際

　母子保健サービスの対象は非常に広範囲であり，胎児，新生児，乳幼児，学童期・思春期の子ども，妊娠中・出産後・育児中・更年期等の女性等が，その対象としてあげられる。主な母子保健サービスは，健康診査，保健指導，療養援護，医療対策に区分され，保健所や市町村の保健センター，乳幼児の総合医療機関等で実施されている（図・表5-11）。

（1）　妊産婦のためのサービス

　妊娠届が受理されると，**母子健康手帳**が交付される。母子健康手帳には，妊娠・出産・育児に関する注意事項や，妊娠中から子どもが6歳になるまでの健康状態を記録する欄があり，一貫した健康記録となる。妊娠中の定期検診等で異常が判明した場合には，健康診査を公費でまかなう妊産婦健康診査・妊産婦精密検査を受診することができる。

　妊娠中の疾病は，妊産婦の死亡につながるだけではなく，未熟児や心身障害

図・表5-11　主な母子保健施策

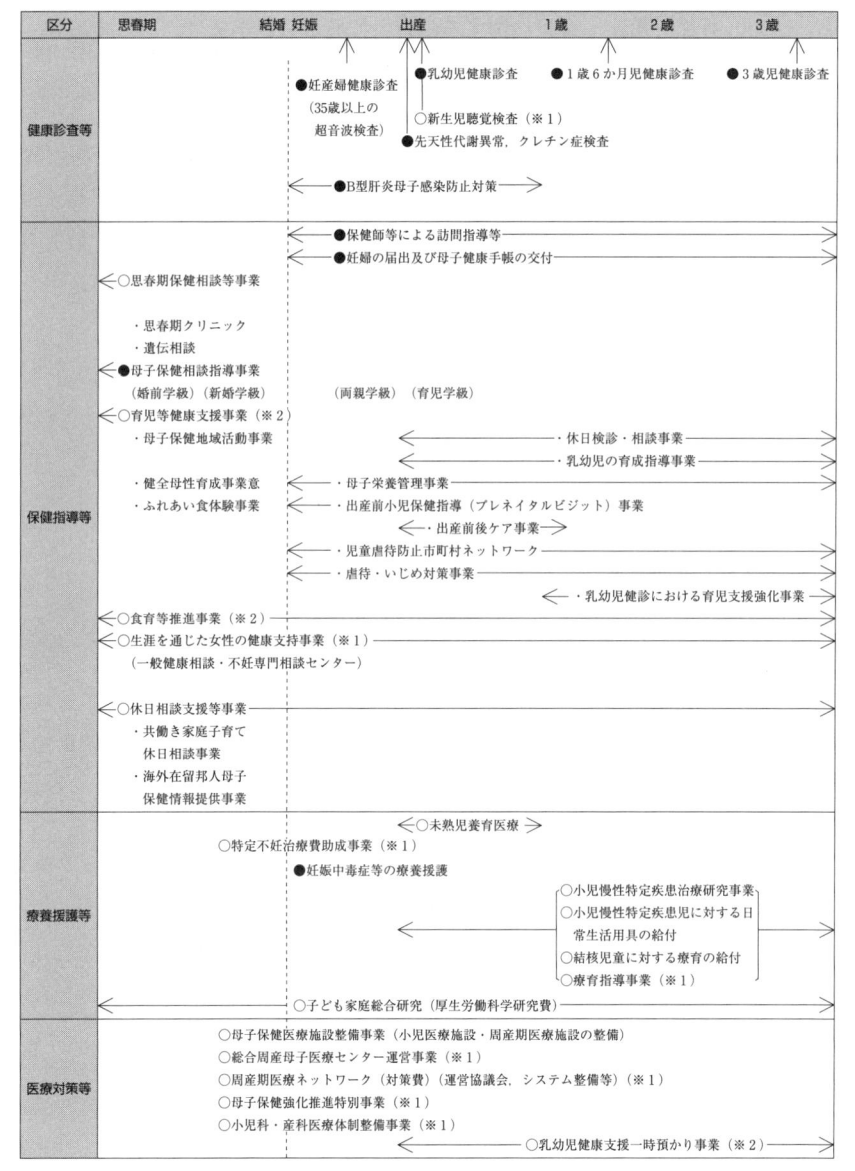

区分	思春期	結婚 妊娠	出産	1歳	2歳	3歳
健康診査等		●妊産婦健康診査 （35歳以上の超音波検査）	●乳幼児健康診査 ○新生児聴覚検査（※1） ●先天性代謝異常，クレチン症検査	●1歳6か月児健康診査		●3歳児健康診査
		←――●B型肝炎母子感染防止対策――→				
保健指導等	○思春期保健相談等事業 ・思春期クリニック ・遺伝相談 ●母子保健相談指導事業 （婚前学級）（新婚学級） ○育児等健康支援事業（※2） ・母子保健地域活動事業 ・健全母性育成事業意 ・ふれあい食体験事業 ○食育等推進事業（※2） ○生涯を通じた女性の健康支援事業（※1） （一般健康相談・不妊専門相談センター） ○休日相談支援等事業 ・共働き家庭子育て 休日相談事業 ・海外在留邦人母子 保健情報提供事業	←――●保健師等による訪問指導等――→ ←――●妊婦の届出及び母子健康手帳の交付――→ （両親学級）（育児学級） ←――休日検診・相談事業――→ ←――乳幼児の育成指導事業――→ ←―母子栄養管理事業―→ ←―出産前小児保健指導（プレネイタルビジット）事業―→ ←―出産前後ケア事業―→ ←―児童虐待防止市町村ネットワーク―→ ←―虐待・いじめ対策事業―→ ←―乳幼児健診における育児支援強化事業―→				
療養援護等	○特定不妊治療費助成事業（※1）	←―○未熟児養育医療―→ ●妊娠中毒症等の療養援護	○小児慢性特定疾患治療研究事業 ○小児慢性特定疾患児に対する日常生活用具の給付 ○結核児童に対する療育の給付 ○療育指導事業（※1）			
	←――○子ども家庭総合研究（厚生労働科学研究費）――→					
医療対策等		○母子保健医療施設整備事業（小児医療施設・周産期医療施設の整備） ○総合周産期母子医療センター運営事業（※1） ○周産期医療ネットワーク（対策費）（運営協議会，システム整備等）（※1） ○母子保健強化推進特別事業（※1） ○小児科・産科医療体制整備事業（※1） ←―乳幼児健康支援一時預かり事業（※2）―→				

○国庫補助事業　●一般財源による事業　※1　母子保健医療対策等総合支援事業　※2　次世代育成支援対策交付金による事業

（出典：厚生労働省編『厚生労働白書（平成18年版）』ぎょうせい，2006より）

の発生原因ともなるため，発生予防と早期発見のための指導等も実施されている。また，妊娠・出産・育児に関する学習会である母親学級は，そこで出会った母親たちが互いに情報交換を行う場ともなっている。

(2) 子どものためのサービス

子どもを対象とした健康診査には，乳幼児健康診査・1歳6か月児健康診査・3歳児健康診査がある。それぞれ，身体計測，全身状態の観察，問診や診察を年齢に合わせて行いながら，各種疾病，発達の遅れ，身体障害，行動上の問題等がチェックされる。何らかの問題がある場合には早期に発見し，適切な治療・療育の提供がなされている。

そのほかのサービスとして，①先天性代謝異常等（フェニルケトン尿症等の先天性代謝異常や先天性甲状腺機能低下症—クレチン症—等）の検査，②身体に障害のある子どもに対し障害を除去または軽減し，生活能力を得るための医療給付を行う自立支援医療，③未熟児（出生時体重2,500g以下の低出生体重児のうち，在胎日数満38週未満で出生した児）といわれる乳児を育てている家庭への指導や必要な医療給付を行う養育医療の給付，④特定疾患について治療研究に必要な費用を交付する小児慢性特定疾患治療研究事業，等が行われている。

(3) 健やか親子21

2000(平成12)年に，母子保健の取り組みの方向性となる「健やか親子21」が策定された。「健やか親子21」は，20世紀の母子保健の取り組みの成果を踏襲しつつも，21世紀の母子保健を見通し，21世紀初頭における国民運動計画として位置づけられた。

今後の母子保健の主たる課題として，①思春期の保健対策の強化と健康教育の推進，②妊娠・出産に関する安全性と快適さの確保と不妊への支援，③小児保健医療水準を維持・向上させるための環境，④子どもの心の安らかな発達の促進と育児不安の軽減，の4項目を示しており，それぞれについて具体的な数値目標が設定されている。

(4) そのほかの母子保健サービス

母子保健サービスでは，虐待・いじめ対策事業や児童虐待防止市町村ネットワーク事業等，今日的な課題にも取り組んでいる。また，10代の妊娠・出産・

中絶が増加していることから，思春期の子どもを対象とした性に関する相談やAIDSや感染症等も含めた指導が実施されている。

　そのほか，更年期障害等の諸問題に気軽に相談できる体制づくり，不妊症への専門的相談等の生涯を通じた女性の健康支援事業，保育所に預けている子どもが病気になった場合，保育所に通えるように回復するまで保育・看護する，乳幼児健康支援一時預かり事業等の整備が図られている。

4．母子保健サービスの今後の課題

（1）死亡率の減少
　母子健康手帳の交付や妊娠・出産に関する相談・指導体制の整備，医療の進歩により，現在の日本では，妊産婦および乳幼児の死亡率の低さは世界でもトップレベルであり，安心して妊娠・出産・子育てができるようになっている。しかし，子どもの死亡原因として，不慮の事故による死亡率を占める割合が高く，死亡までいたらなくても，後遺症が残ることもある。

　事故の種類は，交通事故や転倒，窒息，異物誤飲などが挙げられ，屋外だけでなく家の中でも多数発生している。これらの事故は，母親や周囲の日常的な配慮により事故を未然に防ぐことができるため，完全管理や安全教育の推進，さらに小児救急医療体制と周産期医療ネットワークの整備などが必要となる。

（2）食育の推進
　食育とは，子どもの栄養改善によって，食を通じた心と体の健全育成を図るものである。2005（平成17）年に成立した「食育基本法」において，食育とは，生きるための基本的な知識であり，知識の教育，道徳教育，体育教育の基礎となるべきものと位置づけられている。これは単なる料理教育のみならず，食に対する心構えや栄養学，伝統的な食文化についての総合的な教育も含んでいる。

　糖尿病や高血圧症，動脈硬化症，がんなどの生活習慣病は，中高年の罹病と死亡の主要な原因であるが，これらの生活習慣病の誘因は，すでに子どものときからみられることも多い。食品の安全性や食品による健康被害に対する知識や理解，バランスよく毎日の食事を摂ることによって，生活習慣病の危険因子を除去すること，それを家庭だけでなく学校や地域が連携し，社会全体で取り組んでいくことが課題となる。

5 障害児福祉サービス

1．障害児福祉とは

　障害児への福祉サービスは，児童福祉法ならびに障害者自立支援法によって規定されている。しかし，障害児福祉だからといって児童福祉法の理念と変わるものではなく，障害の有無に関係なく，すべての子どもが発達を保障され，安心して健やかに育つ環境をつくり支援していくことを目的としている。

　さらに，障害のある子どもに対する養育や治療あるいは教育を行うのは，保護者や国，地方公共団体だけでなく，地域社会全体として取り組まれるものである。

　そのうえで，障害があるという状況にある一人ひとりの子どもと家族にふさわしい，かつ子どもの発達を念頭においた援助が必要となる。ここで行われる援助は，自立支援というその子どもの将来をも視野に入れた長期的なものである。福祉，保健，医療，教育等の各分野が連携し，障害児やその家族が直面する問題に対する総合的なサービスを提供していくことが大切である。

（1）障害児の定義

　心身障害児とは，身体，または精神に何らかの障害のある子どものことを意味する。たとえば，肢体不自由児や知的障害児，重症心身障害児などである。なお，福祉関係法では，18歳以上の者を身体障害者，知的障害者と呼び，18歳未満の者を身体障害児，知的障害児とよぶこととしている。

　身体障害児：身体障害児とは，**身体障害者手帳**の交付を受けた18歳未満で，視覚障害，聴覚又は平衡機能の障害，音声機能・言語機能又はそしゃく機能の障害，肢体不自由，心臓・じん臓又は呼吸器の機能の障害，その他政令で定める障害を有する子どものことである。身体障害者手帳は，保護者が児童相談所に申請を行い交付される。

　知的障害児：知的障害は法律上の明白な定義はみられないが，厚生労働省では「知的障害児（者）基礎調査」において知的障害の定義として「知的機能の障害が発達期（おおむね18歳まで）にあらわれ，日常生活に支障が生じている

ため何らかの特別の支援を必要とする状態にあるもの」としており,「知的機能の障害」と「日常生活能力(日常生活に支障が生じている状態)」の双方に該当する場合に「知的障害」とする,と定めている。

行政上は,知能指数によって軽度(50以上〜75程度),中度(50〜36),重度(35〜21),最重度(20以下)と4つに分類している。知的障害児には**療育手帳**が交付され,原則として2年ごとに再判定が行われる。

重症心身障害児:重症心身障害児とは,「重度の知的障害及び重度の肢体不自由が重複していること」と,児童福祉法において定義されている。

(2) 障害児数

2006(平成18)年に実施された身体障害児(者)実態調査によると,全国の18歳未満の在宅で生活している身体障害児は, 9万3,100人と推計される。

なお,同年の社会福祉施設等調査によると,身体障害児入所施設で生活する子どもの数は,盲児施設137人,ろうあ児施設165人,肢体不自由児施設2,730人,肢体不自由児療護施設237人,重症心身障害児施設1万1,215人となっている。

また,2005(平成17)年に実施された知的障害児(者)基礎調査によると,在宅の知的障害児は11万7,300人と推計される。障害の程度としては「最重度」「重度」が42.7%,「中度」「軽度」が50.8%となっている。なお,2006年の社会福祉施設等調査によると,知的障害児入所施設で生活する子どもの数は,知的障害児施設9,808人,自閉症児施設235人となっている。

2. 障害児福祉の現状

身体や知的な面で障害のある子どもに対するサービスは,母子保健施策における早期発見・予防施策,早期療育等,および児童福祉法において施設・事業等の定義がなされ,障害者自立支援法によって年齢・障害種別に関係なく給付されている。

すべての障害のある子どもの健全育成と生活保障を行っていくために,障害児福祉サービスは,①発生予防,②在宅福祉サービス(早期発見,早期療育,福祉サービス,経済的支援),③施設福祉サービス(児童福祉施設,指定医療機関)の大きく3つに分けることができる。

(1) 発生予防，早期発見・療育

　障害の予防や早期発見・療育に関するサービスについては，母子保健サービスと連携しながら提供されている。現在では，母子保健の向上や医学研究・進歩によって障害の原因が解明され，フェニルケトン尿症等の先天性代謝異常や先天性甲状腺機能低下症（クレチン症）などの大部分の疾患が，未然に防止できるようになってきている。

　可能な限り早期に，特に発達期における乳幼児期に適切な治療および指導・訓練を提供することによって，障害の除去や軽減，日常生活能力と生活の質の向上を図ることが期待されている。具体的には，母子保健サービスの一環として実施されている各種健診などが，早期発見サービスとしてあげられる。また，治療期間が比較的短期間で，障害が除去・軽減される身体障害児に対しては，育成医療が提供される。

　そのほか，早期発見，療育体制の充実を図ることを目的とし，心身障害児総合通園センターの設置や，障害児通園（デイサービス）事業も実施されている。

(2) 在宅サービス

　在宅サービスは，障害児を在宅のままの体制で援助・支援するものである。自立支援の中心として期待される事業に，①障害児の家庭に対しホームヘルパーを派遣し，日常生活上の家事や介護，外出時の介助などを行う居宅介護等事業，②在宅の障害児を一時的に知的障害児施設等に入所させることができる短期入所事業（ショートステイ），③デイサービスセンターなどにおいて，日常生活における基本的な動作の指導，集団生活への適応訓練等を行う児童デイサービス事業，がある。

　そのほかには，手帳の交付，相談支援事業，地域療育等支援事業，障害児保育対策事業，補助具や自助具の給付，障害児福祉手当や特別児童扶養手当などの経済的支援がある。

(3) 施設サービス

　児童福祉施設におけるサービスは，短期・長期療育や，必要に応じて一時保護を行ったり，かつ生活上，教育上，治療上の相談にも応じたりする。施設は，通所のみ，入所のみに限定された施設もあるが，通所，入所の両方を兼ね備えている施設もあり，障害に応じて治療や訓練が行われている（図・表5-12）。

図・表 5-12 障害児施設の種類と目的

施設の種類	種別	入・通所・利用別	設置主体	施設の目的及び対象者
知的障害児施設 (児福法42条)	第1種	入所	国・都道府県 市　町　村　｝届出 社会福祉法人 その他の者　｝認可	知的障害のある児童を入所させて，これを保護するとともに，独立自活に必要な知識技能を与える。
自閉症児施設 (児福法42条，昭23.12.29.厚令63号)	第1種	入所	都道府県 市　町　村　｝届出 社会福祉法人 その他の者　｝認可	自閉症を主たる病状とする児童を入所させ，保護するとともに必要な治療，訓練等をおこなう。
知的障害児通園施設 (児福法43条)	第1種	通所	同上	知的障害のある児童を日日保護者の下から通わせて，これを保護するとともに，独立自活に必要な知識技能を与える。
盲児施設 (児福法43条の2)	第1種	入所	同上	盲自(強度の弱視児を含む)を入所させて，これを保護するとともに，独立自活に必要な指導又は援助を行う。
ろうあ児施設 (児福法43条の2)	第1種	入所	同上	ろうあ児(強度の難聴児を含む)を入所させて，これを保護するとともに，独立自活に必要な指導又は援助を行う。
難聴児通園施設 (児福法43条，昭23.12.29.厚令63号)	第1種	通所	同上	強度の難聴の幼児を保護者の下から通わせて，指導訓練を行う。
肢体不自由児施設 (児福法43条の3)	第1種	入所・通所	同上	上肢，下肢又は体幹の機能の障害のある児童を治療するとともに，独立自活に必要な知識技能を与える。
肢体不自由児通園施設 (児福法43条の3，昭38.6.11.発児122号)	第1種	通所	同上	通園によって療育効果が得られる児童に対し，必要な療育を行い，もってこれら児童の福祉の増進を図る。
肢体不自由児療護施設 (児福法43条の3，平3.4.12.厚告84号)	第1種	入所	同上	病院に入院することを要しない肢体不自由のある児童であって，家庭における養育が困難なものを入所させ，治療及び訓練を行う。
重症心身障害児施設 (児福法43条の4)	第1種	入所	同上	重度の知的障害及び重度の肢体不自由が重複している児童を入所させて，これを保障するとともに，治療及び日常生活の指導をする。
情緒障害児短期治療施設 (児福法43条の5)	第1種	入所・通所	同上	軽度の情緒障害を有する児童を短期間，入所させ又は保護者の下から通わせて，その情緒障害を治し，あわせて退所した者について相談その他の援助を行う。

(出典：厚生統計協会編『国民の福祉の動向2006年』厚生統計協会，2006より)

障害者自立支援法の施行により，障害児施設は措置施設から契約施設へとなった。これにより，障害児の保護者は，都道府県に支給申請を行い，支給決定を受けた後，利用施設と契約を結ぶことになった。

　また，これまでの障害児施設を利用できる障害児は18歳未満となっていたが，身体的事由や援助の効果等による特別な場合には，特例として18歳以上の障害者の利用も認められていた。これについては，契約制度への移行後も，これまで同様に満18歳に達した後の延長利用が可能となっている。

3．障害児福祉の今後の課題

(1) 家族に対する支援体制の整備

　これまでの障害児福祉サービスは，その子どもの治療や訓練に重点がおかれていた。専門家の指導によって，いかに社会に適応させていくのかということを重視し，家族がその治療や訓練にかりたてられ，それぞれの自己実現が後回しにされるということも少なくなかった。また，低出生体重児や知的障害児，発達障害児などは，虐待やいじめなどの対象となることが少なくない。同時に，その家族は，子どもの発達の遅れや障害についての不安やストレスを抱えることも少なくない。

　今後は，障害児を含めた家族のメンバーが，子どもの障害を理解・受容しつつも，それぞれが自己実現を享受しながら，ゆとりをもって子育てができるようなサービスの構築が必要である。

(2) 総合的な支援システムの構築

　障害の有無に関係なく，一人ひとりの子どもには成長・発達する環境が保障されなければならない。障害児に対するサービスは，児童相談所など各機関の障害認定を経て開始される。しかし，療育や福祉サービスは施設や学校を中心として提供されていたため，各種教育機関の卒業後は関係機関とのかかわりは希薄になりやすいのが現実である。

　さらに，学齢期の子どもの生活を支援していくシステムが十分に確立されているとはいえず，今後は，学校以外での生活を家族を含めて，どのように支援していくのかについても課題となる。

　また，サービスの提供が子どもの将来を見通した一貫したものとなるよう，

福祉，保健，医療，教育，就労，社会・文化活動など，関連機関が連携し総合的に自立支援・発達援助を実践できる支援システムの構築が求められる。

6 要養護児童のための福祉サービスと虐待対策

1．要保護児童と社会的養護とは

　要保護児童とは，児童福祉法第25条において「保護者のない児童又は保護者に監護させることが不適当であると認める児童」とされている。

　また，児童福祉法第2条は「国及び地方公共団体は，児童の保護者とともに児童を心身ともに健やかに育成する責任を負う」と規定し，保護者が何らかの事由によって児童を養育できない場合は，行政が保護者に代わってその役割を果たすこととなっている。そのため，乳児院，児童養護施設等の児童福祉施設の他，里親制度等の養護サービスが用意されている。

　これらのサービスは，保護者が家庭において直接子どもを養育する「家庭養育」に対して，社会の責任下において制度に基づき子どもを養護することから「社会的養護」と呼ばれている。

2．社会的養護の内容

(1) 乳児院

　乳児院は，「乳児（保健上，安定した生活環境の確保その他の理由により特に必要のある場合には幼児を含む）を入院させて，これを養育し，あわせて退院した者について相談その他の援助を行うことを目的とする施設」である（児童福祉法第37条）。2006（平成18）年10月1日現在，全国に，120の乳児院があり，入所数は3,143人である。

　乳児院は，乳児の心身の特性を考慮して，特に医学的配慮がなされており，医師，看護師，保育士，栄養士等の職種が配置されている。直接処遇職員（看護師，保育士，児童指導員）の配置は，おおむね乳児1.7人に1人となっている。

乳児院では，毎日定時に授乳，食事，おむつ交換，入浴，日光浴及び安静を行い，定期的に身体測定を実施し，随時健康診断を行うほか，乳児の精神発達を保障する。また，乳児が対象であるため，きめ細かな個別的指導が求められており，疾病のなかでも感染症の予防，栄養管理，事故防止について，十分な配慮が必要とされている。また，「家庭支援専門相談員」が配置され，早期の家庭引き取りに向けた家庭環境調整等を行っている。

（2） 児童養護施設

児童養護施設は，「保護者のない児童（乳児を除く。ただし安定した生活環境の確保その他の理由により特に必要のある場合には乳児を含む），虐待されている児童その他環境上養護を要する児童を入所させて，これを養護し，あわせて退所した者に対する相談その他の自立のための援助を行うことを目的とする施設」である。入所継続が必要と認められる場合には，満20歳に達するまで引き続き在所することができる。2006(平成18)年現在，559の児童養護施設があり，在所数は3万764人である。

児童養護施設には，施設長，児童指導員，保育士，栄養士，嘱託医，心理療法を担当する職員（非常勤），家庭支援専門相談員が配置されている。

児童福祉法制定当時の児童養護施設には，親のいない児童が多く入所していたが，近年では親がいるにもかかわらず，さまざまな事情により家庭で養育できない児童の入所が増えている。特に親からの虐待，放任された子どもの入所が増加しており，愛着関係の形成をはじめとする心理的ケアの充実が課題となっている（図・表5-13）。

2008(平成20)年の児童福祉法改正により，児童養護施設の措置を解除された場合においても，必要がある場合や子ども本人からの申し込みがある場合に，都道府県の責任において，義務教育終了後から満20歳になるまでの児童等を児童自立生活援助事業（自立支援ホーム）によって，生活指導や就労支援等を行うことを法定化した。

また，この改正により，施設内虐待の禁止が明文化された。禁止行為のなかには，他の入所児童による暴力や心的外傷を与える言動を放置すること等も含まれており，対象となる職員等には，児童養護施設等の長や職員のほか，里親とその同居者，知的障害児施設，指定医療機関の職員等も該当する。

図・表5-13　養護児童等の養護問題発生理由別児童数

(人)

区　分	里親委託児童	養護施設児	情緒障害児	自立施設児	乳児院児
総　数	2,454(100.0)	30,416(100.0)	768(100.0)	1,657(100.0)	3,023(100.0)
父母の死亡	75 (3.1)	912 (3.0)	16 (2.1)	32 (1.9)	33 (1.1)
父母の行方不明	362 (14.8)	3,333 (11.0)	8 (1.0)	45 (2.7)	180 (6.0)
父母の離婚	85 (3.5)	1,983 (6.5)	42 (5.5)	205 (12.4)	128 (4.2)
両親の未婚	＊　＊	＊　＊	＊　＊	＊　＊	364 (12.0)
父母の不和	27 (1.1)	262 (0.9)	15 (2.0)	42 (2.5)	36 (1.2)
父母の拘禁	76 (3.1)	1,451 (4.8)	8 (1.0)	27 (1.6)	136 (4.5)
父母の入院	135 (5.5)	2,128 (7.0)	9 (1.2)	17 (1.0)	163 (5.4)
家族の疾病の付添	＊　＊	＊　＊	＊　＊	＊　＊	20 (0.7)
次子出産	＊　＊	＊　＊	＊　＊	＊　＊	18 (0.6)
父母の就労	129 (5.3)	3,537 (11.6)	25 (3.3)	106 (6.4)	215 (7.1)
父母の精神疾患等	154 (6.3)	2,479 (8.2)	91 (11.8)	83 (5.0)	450 (14.9)
父母の放任・怠情	224 (9.1)	3,546 (11.7)	108 (14.1)	344 (20.8)	181 (6.0)
父母の虐待・酷使	126 (5.1)	3,389 (11.1)	176 (22.9)	187 (11.3)	139 (4.6)
棄　児	153 (6.2)	236 (0.8)	6 (0.8)	14 (0.8)	67 (2.2)
養育拒否	478 (19.9)	1,169 (3.8)	33 (4.3)	77 (4.6)	232 (7.7)
破産等の経済的理由	128 (5.2)	2,452 (8.1)	9 (1.2)	20 (1.2)	234 (7.7)
児童の問題による監護困難	25 (1.0)	1,139 (3.7)	＊　＊	＊　＊	9 (0.3)
その他	210 (8.6)	2,374 (7.8)	92 (12.0)	123 (7.4)	322 (10.7)
特になし	＊　＊	＊　＊	97 (12.6)	137 (8.3)	＊　＊
不　詳	56 (2.3)	26 (0.1)	33 (4.3)	198 (11.9)	96 (3.2)

(注) 平成15年2月1日現在。＊は調査項目としていない。

(出典：厚生労働省雇用均等・児童家庭局「児童養護施設入所児童等調査」2004より)

(3) 里親制度

　里親とは，「保護者のない児童又は保護者に監護させることが不適当であると認められる児童を養育することを希望する者であって，都道府県知事が適当と認める者」である。児童相談所は，里親での養育が必要と認めた児童を里親に委託する。

　里親制度は，家庭での養育に欠ける子どもに対して，あたたかい愛情と正しい理解をもった家庭環境を保障することによって，その健全な育成を図ること

を目的とする制度であり，児童福祉施設と並んで重要な役割を果たしている。

2006(平成18)年3月末現在，全国の都道府県等に登録している里親は7,882組であり，子どもが委託されている里親は2,453組となっている。

2002(平成14)年10月から，里親制度は大きく改正され，従来の里親（養育里親）に加え，専門里親，短期里親，親族里親が創設されるとともに，新たに里親の認定や養育のあり方等に関する省令が制定された（「里親の認定に関する省令」「里親が行う養育に関する最低基準」）（図・表5-14）。

また，都道府県から委託を受けた関係団体が，専門里親希望者や養育里親に対する研修を実施するとともに，児童相談所等の都道府県が指定した機関の里親対応専門員が里親家庭に対して，委託された子どもや里親自身に関する養育相談事業を行う**「里親支援事業」**が創設された。

さらに，委託児童を養育している里親家庭に対する，一時的な休息のための援助（レスパイト・ケア）の一環として，年7日以内を限度として，委託児童を児童養護施設や他の里親に再委託する制度も創設された。

2004(平成16)年度には，里親の養育負担の軽減を図るため，児童相談所において研修をしたうえで登録された者を里親からの援助の求めに応じて派遣する**「里親養育援助事業」**や，里親同士で自分たちの養育技術の向上等を図る**「里親養育相互援助事業」**が創設された。

また，2004(平成16)年の児童福祉法の改正により，児童福祉施設長と同様に里親も，受託中の児童の監護，教育，懲戒に関して，当該児童の福祉のために必要な措置をとることができるとされた。

さらに，2009(平成21)年4月の改正児童福祉法施行により，家庭的養護を促進することを目的として，これまで厚生労働省令に規定されていた養育里親について児童福祉法に明文化し，都道府県に，養育里親となるための研修や登録名簿の作成を義務づけ，委託後の相談，情報提供，助言なども行うよう定められた。

また，里親などがおおむね5,6人程度の子どもを家庭的な環境で養育する，通称「ファミリーホーム」等とよばれるものが以前から存在していたが，今回の法改正によって，これらが**「小規模住居型児童養育事業」**として明文化され，社会福祉法の第二種社会福祉事業に定められた。里親だけでは養育にも家事にも限界がある。そのため，外部の応援者による無償・有償の支援のうえに成り

5章 児童福祉サービスの現状と課題——133

図・表5-14 日本における里親の種類と概要

	養育里親	親族里親	短期里親	専門里親
対象児童	要保護児童（保護者のない児童又は保護者に監護させることが不適当であると認められる児童）	次の要件に当たる要保護児童で三親等以内の親族関係にある ①三親等以内の両親などが死亡，行方不明，拘禁などの状態により，児童の養育が期待できない	要保護児童	児童虐待等の行為により，心身に有害な影響を受けた要保護児童
資格要件	①心身ともに健全であること ②児童の養育についての理解，熱意，児童に対する豊かな愛情を有していること ③経済的に困窮していないこと ④児童の養育に関し，虐待などの問題がないと認められるもの ⑤児童福祉法，児童買春，児童ポルノに係る行為などの処罰及び児童の保護などに関する法律の規定により，罰金以上の刑に処せられたことがないこと	養育里親と同じ ただし，「③」は適用されない。	養育里親と同じ	①「養育里親の要件（①〜⑤）」に加えて次のいずれかの該当者 　(ア) 3年以上の養育里親経験者あり 　(イ) 3年以上の児童福祉従事者で，都道府県知事が適当と認めたもの 　(ウ) 都道府県知事が，(ア)，(イ)と同等以上の能力を有すると認めたもの ②専門里親研修を修了したこと ③委託児童の養育に専念できるもの
登録の有効期間	5年間	登録制度なし	5年間	2年間
委託児童の最大人数	養育里親において現に養育している児童6人まで（実子，委託児童をあわせて6人まで）	人数制限なし	養育里親と同じ	養育里親と同じ。加えて，委託児童は2人まで
委託期間	児童が18歳に達するまでであれば，制限なし	養育里親と同じ	1年以内	2年以内
レスパイト・ケアの可否	可能	可能	可能	可能
養育計画の要否	必要	必要	必要	必要
その他		児童の委託が解除されたとき，認定も取り消される		委託児童の家庭環境への調整に協力しなければならない

（出典：厚生労働省雇用均等・児童家庭局家庭福祉課，2003より）

立っているのが現状である。今後は，運営の安定化を図ることが課題となるだろう。

3．子ども虐待の発見から保護までのしくみ

(1) 子ども虐待の発見と通告

児童福祉法では，「保護者に監護させることが不適当であると認める児童を発見した者は，これを市町村，都道府県の設置する福祉事務所もしくは児童相談所に通告しなければならない」と規定している。「保護者に監護させることが不適当と認める児童」には，児童虐待防止法に定義された被虐待児童も含まれる。

被虐待児童の通告は，国民一般に課せられた義務である。特に児童虐待防止法は，学校，児童福祉施設，病院その他児童福祉に業務上関係のある団体及び学校の教職員，児童福祉施設の職員，医師，保健師，弁護士，その他児童福祉に職務上関係のある者について，子ども虐待を早期に発見しやすい立場にあることから，被虐待児童の早期発見に努めるとともに，被虐待児童を発見した場合は速やかに通告しなければならないと規定している。

子ども虐待の通告先としては，福祉事務所や児童相談所が位置づけられている。しかし，立入調査や一時保護といった虐待事例に対応するための重要な法的権限は，児童相談所長に付与されているため，多くの事例は，市町村や福祉事務所を経由して児童相談所に送致されている。なお，地域住民等が市町村や福祉事務所，児童相談所に通告する場合，その便宜を図るために児童委員を介して行うことができるとされている。

(2) 通告・相談の受理

通告を受理した児童相談所では，臨時の受理会議を開催する等，担当者や当面の対応方針等について機関としての決定を行う。

(3) 調査

通告等を受理したときには，関係者等から必要な情報を収集するとともに，必要に応じて近隣住民，学校の教職員，児童福祉施設等の職員の協力を得ながら，面会等の方法によって速やかに子どもの安全確認を行い，緊急保護の要否判断等を行う。保護者が，児童相談所の介入に拒否的な場合は，立入調査を行

うことができる。

なお，調査に際しては，判断の客観性が求められることから，複数対応をとるのが原則とされている。

(4) 一時保護

調査の結果，緊急に子どもを保護する必要があると判断される場合，速やかに一時保護を行わなければならない。

一時保護は，原則，親権者の合意のもとで行われるのが望ましいが，子どもの心身にただちに重大な危害が加わるおそれがあると判断される場合には，親権者の意に反して一時保護を行うことができる（職権一時保護）。また，子どもの安全確認や立入調査等に際して，必要があると認めるとき，児童相談所長は警察署長に援助を求めることができる。

一時保護には，児童相談所に付設の一時保護所を利用する場合と，児童福祉施設や医療機関，里親家庭といった他の適当な機関や個人に委託する場合とがある（委託一時保護）。

一時保護の期間は原則2か月を超えてはいけないが，必要と認められた場合は，引き続き一時保護を行うことができる。

(5) 判定

調査や心理検査，医学的診察，一時保護中の行動観察結果等をふまえ，児童相談所は，子どもにとって最善の援助を決定する。これら総合的な診断をふまえてなされる援助方針の決定を，判定という。

(6) 援助

■在宅指導

在宅指導とは，虐待の内容や程度等から判断して，親子を分離せずに家庭訪問や通所によって児童福祉司等が親子関係の調整や家族指導，子どもの心理指導等を行うものである。また，これらの業務を地域の児童委員や児童家庭支援センターに委託する場合もある。

■施設入所措置，里親委託等

在宅での指導が困難と判断されたケースでは，子どもをいったん家庭から分離して，子どもの安全と成長を保障する必要がある。そのため，子どもを乳児院や児童養護施設等の児童福祉施設に入所させたり，里親に委託したりする等

の措置がとられる。

　親子分離の措置は，親権者の意に反して行うことはできない。そのため，児童相談所としては，親子分離の措置が適当と判断しているにもかかわらず，親権者等がそれに反対している場合，児童相談所が家庭裁判所に対して措置の承認申し立てを行い，その承認のもとに親子分離を図ることになる。

　この場合は措置の期間は2年を超えてはならないが，必要があると認められる場合，児童相談所は家庭裁判所の承認を得て，期間を更新することができる。さらに，児童福祉法第28条に基づく措置の承認により施設入所措置がとられた場合，子どもの保護の観点から，児童相談所長及び児童福祉施設長は，子どもを虐待した保護者について，子どもとの面会や通信を制限することができる。

■親権喪失宣告の請求

　親が親権を濫用したり，著しく不行跡と認められたりする場合，児童相談所長は家庭裁判所に対して親権喪失の宣告請求を行うことができる。また，親権喪失宣告請求がなされるまでの間，親権者が子どもに対して，生命や身体的に重大な危険が及ぶ虐待を行う可能性が高い場合には，「親権者の職務執行停止及び職務代行者の選任の保全処分」の申し立てを行うこともできる。

4．虐待対策の課題

(1) 虐待の発生予防

　子ども虐待が急増する背景には，親の孤立に起因する子育て不安や負担感の増大があると考えられる。そのため，虐待の発生を予防するには，親子の孤立を予防し，不安感や負担感を軽減するための施策の充実を図ることが望まれる。

　さらに，子育てに悩む親は，悩みを打ち明ける相手がいない等，自ら援助を求められない状況にあったり，あるいは自分の殻に閉じこもってしまい自ら援助を求めることに消極的であったりするケースが少なくない。そのため，早期の段階で潜在的な子育て支援ニーズを発見し，援助できるシステムづくりを模索することも，今後の重要な課題といえよう。

(2) 虐待する保護者への援助

　子ども虐待対応における援助の目標は，親子分離そのものにあるのではなく，親子関係の再構築にあるといえる。分離前の虐待体験やその後の親子分離に

よって傷つきゆがんでしまった親子関係を再構築するには，分離後の保護者への指導や援助が必要かつ重要である。しかし，児童相談所や児童福祉施設等による保護者援助は，実際にはほとんど有効的に行われていないのが現状である。

保護者援助が有機的に展開されていない背景には，児童相談所等が極めて多忙なため，親子分離後の親子のケアにまで手が回らない，保護者援助のための有効な援助技法が確立されていない，あるいは援助を担う職員がその援助技法を習得していない，保護者が援助や指導を受けることを強制する法的枠組みがない等の要因があると考えられる。

保護者援助にかかわる制度的課題の打開策の一つとして，家庭裁判所による司法関与のさらなる強化が可能性として挙げられよう。2004（平成16）年の児童福祉法改正では，家庭裁判所の承認により施設入所措置や里親委託となったケースについては，期間を2年以内とし，児童相談所の申し立てにより家庭裁判所が措置の継続の適否を審査する等，司法関与の強化が図られた。

たとえば，これに加えて，家庭裁判所が施設入所等の措置の承認の決定をする際に，保護者に対して，児童相談所等における援助を受けるよう付帯条件をつける等の運用が考えられる。これによって，児童相談所等の援助を受けることに対する保護者の動機づけの強化が図られるのではないかと考えられる。

（3） 子ども家庭福祉相談支援体制の強化

まず，児童相談所職員の量的・質的確保の課題が挙げられる。

児童相談所は，18歳未満の子どもに関するあらゆる相談に対応しており，とりわけ近年は，虐待相談が急増し多忙を極めている。また，児童福祉司の一般行政職採用を行っている自治体が今でも少なくなく，職員の専門性をいかに担保するかという課題がある。

次に，児童相談所と市町村との役割分担と，相談支援体制の専門性の課題が挙げられる。

近年，子育て不安や子ども虐待等の問題が深刻化するなか，地域に密着したきめ細かい援助が求められている。2004（平成16）年の児童福祉法改正では，市町村が子どもに関する相談の第一義的窓口として位置づけられ，児童相談所の業務は，より高度の専門性を要する事例への対応に特化されるとともに，市町村の後方支援を行うこととされた。しかし，市町村が期待される役割を十分に

果たすためには，それを可能とするだけの体制整備が必要であり，職員数の増員と専門性の確保，バックアップ体制の強化が求められる。

7 非行少年・情緒障害児福祉サービス

1．非行少年とは

（1） 非行少年の定義と視点

少年法第3条において非行少年とは，**犯罪少年**（14歳以上で罪を犯した少年），**触法少年**（14歳未満で罪を犯した少年），**虞犯少年**（罪を犯すおそれのある少年）と定義されている。

犯罪少年，触法少年が，法的に規定されている犯罪行為を行ったものであるのに対し，虞犯少年は，保護者の正当な監督に服しない，家に寄りつかない，自己または他人の特性を害する行為があるなど，放っておけば将来，刑罰法令に触れる行為をする可能性のある子どもである。

罪を犯した大人の犯罪への対応においては，疑わしきは罰せず，という原則が適用される。しかし，虞犯少年という定義にもみられるように，非行少年への対応においては，将来の犯罪を未然に防ごうという予防的な観点を重んじている。

さらに，子どもは生活環境などによって，法律的，社会的な規範から逸脱した行動を示すことがあるため，少年法第1条において非行への対応を，「（少年の）性格の矯正及び環境の調整」と定めている。このことからも，非行少年に対するサービスの主眼を，家庭環境や社会環境の改善，少年自身の主体的な改善を基本とし，本人の処罰を目的とするものではないことがわかる。

（2） 現代の非行の特徴

近年，少年による殺人などの重大事件が発生し，社会的な問題となっている。暴力事件や窃盗，薬物乱用，売買春など，非行の低年齢化を含めて，健全育成という視点からも早急な対応が求められている。

一方，これら少年非行に関する要因を検討していくと，保護者の子育てや家

庭環境，教育などが適切に機能していなかったということが多い。このことは，非行少年のなかで，被虐待経験のある子どもの割合が，一般の子どもより多いという結果にも裏づけられる。

また，相手の気持ちをおもんぱかったり，自分の考えや意見を相手に伝えたりするなど，他者とのコミュニケーションが苦手な子どもが多く存在していることも，近年の特徴として挙げられる。加えて，凶悪，冷酷ともいえる事件を起こした少年自身が，なぜそのような事件を引き起こしたのかについて十分に説明できない場合もあり，従来の「遊ぶお金がほしいから恐喝した」というような犯罪とは，質的に異なってきていることが指摘されている。

(3) 子どもの自立を支える支援へ

1933(明治8)年には，感化法（3章p.43参照）が少年教護法に改正され，一時保護施設や少年鑑別所の規定が盛りこまれた。さらに，1947(昭和22)年には児童福祉法が成立し，かつての「感化院」が「教護院」として児童福祉施設に位置づけられた。1948(昭和23)年に新少年法が成立し，児童福祉法では18歳未満の子どもへの措置（行政処分）としての施設保護を担い，新少年法は20歳未満の少年への保護処分を担うこととなった。

2000(平成12)年には，少年事件の低年齢化や凶悪な事件に対する現行法の甘さを背景として，少年法が改正され，刑事処分可能年齢が16歳以上から14歳以上に引き下げられた。16歳以上で故意の犯罪行為によって被害者を死亡させた場合には，原則として検察官に逆送致し，成人と同様に刑事裁判に付すこととされた。同時に，被害者救済の視点も新たに盛りこまれた。

さらに，少年院送致の年齢下限を14歳以上からおおむね12歳以上とする対象年齢の引き下げや，保護観察に付された者が遵守すべき事項を遵守しなかった場合の措置などを加え，2007(平成19)年に少年法が改正された。

教護院は，重要な処遇や教育の役割を担ってきたが，1998(平成10)年の児童福祉法の改正によって，施設の目的として自立支援が加えられ，教護院から「児童自立支援施設」に名称が変更された。この改正以降，入所中の少年の義務教育や通所でのサービス利用が可能となった。

2．非行少年に対する福祉サービスの現状

(1) 非行少年に関する措置

　児童相談所関係の措置形態としては，子どもを在宅のままで指導・処遇するものと，児童自立支援施設へ入所あるいは通所するサービス及び児童養護施設へ入所措置をとるものがある（図・表5-15）。

　家庭裁判所では，送致されてくる事案に関し，家庭裁判所調査官が調査を行い，作成された調査結果に基づいた保護処分を行う。必要と認める場合には，家庭裁判所調査官による試験観察の実施，または少年鑑別所への送致を実施し，保護処分が決定する。保護処分の種別としては，少年保護観察所による保護観察，少年院送致，児童自立支援施設や児童養護施設への措置などがある。

(2) 少年非行に関する相談事業

　子どもの非行に関する相談は，児童相談所・青少年相談センター・家庭児童相談室などで行われている。いずれの機関においても，相談種類や内容を限定することなく，0～18歳までの子どもに関する悩みや相談を受け付けている。

　児童相談所では，浪費癖，家出，乱暴，性的悪戯などの虞犯行為に関する相談や，窃盗，傷害，放火，そのほかの触法行為に関する相談を受けているが，そのほかの機関においても，非行少年とその家族が抱えるさまざまな悩みや不安に対応している。

3．情緒障害児とは

(1) 情緒障害のとらえ方

　情緒障害とは，情緒の表れ方が偏っていたり激しかったりして，自分の意志ではコントロールできにくいような状態であり，その原因は，人間関係のあつれきなど心理的ものとされている。

　身体障害等の「障害」の概念とは異なり，治療の可能な可逆的状態像をさしている。emotional（情緒の）disorder（混乱）を訳した行政用語で，医学診断名ではない。

(2) 情緒障害児福祉の現状

　情緒障害児に対する福祉的な対応を行う施設として，1961(昭和36)年児童福

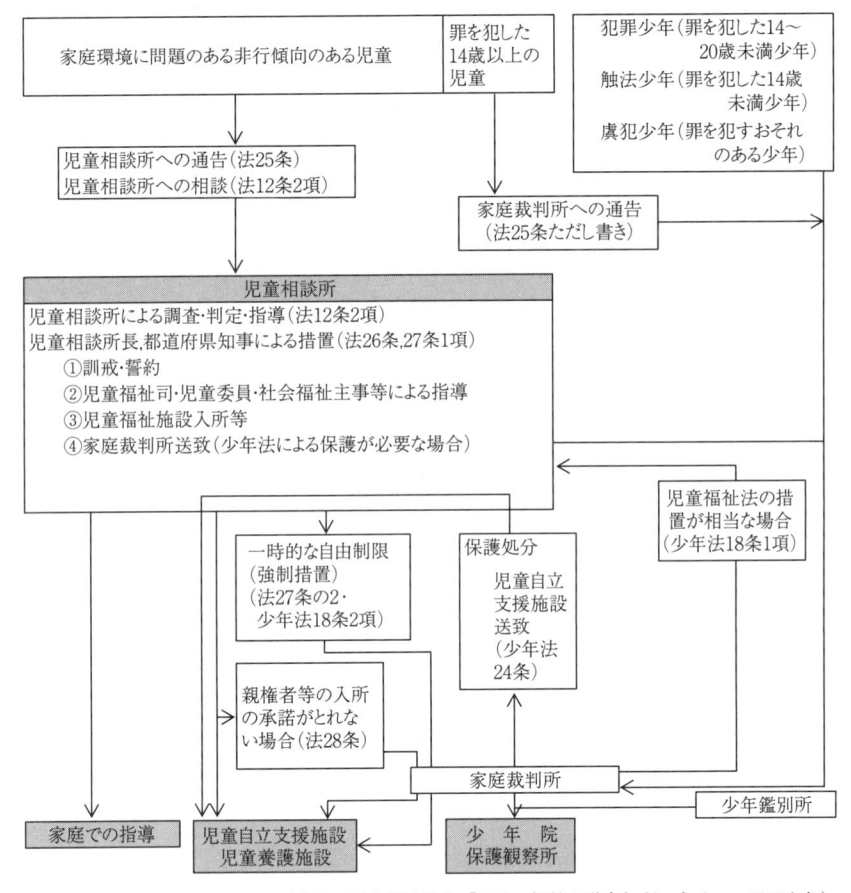

図・表5-15 非行傾向のある児童への福祉的対応

```
┌─────────────────────────┐  ┌──────┐  ┌──────────────────┐
│家庭環境に問題のある非行傾向│  │罪を犯した│  │犯罪少年(罪を犯した14～│
│のある児童                │  │14歳以上の│  │20歳未満少年)      │
│                         │  │児童   │  │触法少年(罪を犯した14歳│
└─────────────────────────┘  └──────┘  │未満少年)          │
           │                    │      │虞犯少年(罪を犯すおそれ│
           ▼                    │      │のある少年)         │
┌─────────────────────────┐     │      └──────────────────┘
│児童相談所への通告(法25条) │     │              │
│児童相談所への相談(法12条2項)│    ▼              │
└─────────────────────────┘  ┌──────────────────┐ │
           │                │家庭裁判所への通告  │◄┘
           ▼                │(法25条ただし書き)  │
┌────────────────────────────────┐  └──────────────────┘
│         児童相談所              │
│児童相談所による調査・判定・指導(法12条2項)│
│児童相談所長,都道府県知事による措置(法26条,27条1項)│
│ ①訓戒・誓約                    │
│ ②児童福祉司・児童委員・社会福祉主事等による指導│
│ ③児童福祉施設入所等             │
│ ④家庭裁判所送致(少年法による保護が必要な場合)│
└────────────────────────────────┘
                                    ▲
                                    │  ┌──────────────────┐
                                    │  │児童福祉法の措置が  │
                                    │  │相当な場合          │
                                    │  │(少年法18条1項)    │
                                    │  └──────────────────┘
   ┌──────────┐  ┌──────────┐
   │一時的な自由制限│  │保護処分    │
   │(強制措置)     │  │児童自立    │
   │(法27条の2・   │  │支援施設    │
   │少年法18条2項) │  │送致        │
   │              │  │(少年法24条)│
   └──────────┘  └──────────┘
         │
   ┌──────────┐
   │親権者等の入所│
   │の承諾がとれな│
   │い場合(法28条)│
   └──────────┘
                        ┌──────────┐      ┌──────┐
                        │ 家庭裁判所 │ ◄──  │少年鑑別所│
                        └──────────┘      └──────┘
┌──────┐  ┌─────────────┐  ┌──────────┐
│家庭での指導│  │児童自立支援施設   │  │少 年 院    │
│         │  │児童養護施設      │  │保護観察所  │
└──────┘  └─────────────┘  └──────────┘
```

(出典:厚生統計協会『国民の福祉の動向』ぎょうせい,2005より)

祉法の改正により,**情緒障害児短期治療施設**が設置された。この施設は,軽度の情緒障害を有する子どもを入所,あるいは保護者のもとから通わせ,情緒障害を治すことを目的としている。

当初は,おおむね12歳未満の子どもを対象としていたが,情緒障害や問題行動が中学校入学後に出現することが多く,1997(平成9)年の児童福祉法の改正によって年齢制限が撤廃され,必要がある場合には20歳まで利用できるようになった。

情緒障害児短期治療施設には，施設長，精神科医，心理療法士，看護師，児童指導員，保育士，栄養士，調理員，教員などの職員が配置され，子どもに対する治療だけではなく，保護者に対する面接指導や家族全体を対象とした家族療法なども展開されている。

かつては，主に不登校の子どもの受け皿になってきたが，現在では，虐待を受けた子どもを多く受け入れている。思春期に起こる不登校や摂食障害などが問題となっている現代において，まだまだ少ない施設数ではあるが，精神科医や心理療法士などの専門スタッフを配置した施設による治療・支援機能が期待され，増設が強く求められている。

また，わかりにくい情緒障害児短期治療施設という施設名称を，理解しやすい児童心理療育施設などに変更しようとする動きもある。

8 ひとり親家庭福祉サービス

1．ひとり親家庭の現状

2006（平成18）年現在，**母子世帯**は78万8,000世帯，**父子世帯**は8万9,000世帯である（厚生労働省大臣官房統計情報部「国民生活基礎調査」―1章p.7脚注参照―2006年）。ひとり親家庭の発生理由として，母子世帯，父子世帯ともに「生別」が「死別」を上回っている。特に「離婚による生別」は，母子世帯の79.7%，父子世帯の74.4%と，ともに7割を上回っている。

離婚は夫妻にとって大きな問題であるとともに，**親権**[1]を行う子（満20歳未満の子）のいる夫妻の離婚は，子どもをどちらが引き取るかという問題が生じ，子どもにとっても人生を左右する大きな出来事となる。離婚により，夫妻のど

1：「親権」とは，子の監護・教育を行う権利及び義務のことを意味する（民法820条）。具体的には，居所指定権（民法821条），懲戒権（民法822条），職業許可権（民法823条），財産管理権と代表権（民法824条），がある。
　「親権」の本質は，「親の権利」ではなく，親が未成年の子どもに対して，養育・財産管理等を行うことによって，子どもの最善の利益を実現するための「親の義務」である，ととらえられるものである。

ちらが親権を行う子どもを引き取るかをみると，子どもの数にかかわらず，妻が引き取る割合が近年，増加傾向にある。

また，母子世帯については，未婚の母の増加が近年の一つの特徴である。未婚の母は6万9,300世帯であり，全母子世帯の6.7%を占めている。

ひとり親家庭が，生活上困っていることについては，母子世帯では「家計」46.3%，父子世帯では「家事」27.4%と，それぞれ異なる悩みを抱えている。また，母子世帯については，「家計」の次に「仕事」18.1%となっており，就労を含めた経済的な問題が大きいと思われる。

母子世帯は，深刻な経済的問題を抱えているケースが少なくない。厚生労働省の「国民生活基礎調査（2003年）」によると，全国の母子世帯の約4割が「（生活は）大変苦しい」と答えており，これに「やや苦しい」を合計すると，母子世帯全体の81.8%になる。父母のいる世帯では「（生活は）普通」が35.4%であるのに対して，母子世帯では「普通」16.5%であることからも，母子世帯の経済的負担は非常に大きいと思われる。

父子世帯についても，家事以外にも生活上の課題は多い。日本では，古くから「戦争未亡人の救済」を前提としてひとり親世帯（母子世帯）の支援を展開してきた経緯があり，今日も父子世帯に対する支援体系は不十分であるといわざるを得ない。現在も，父子福祉に根拠となる固有の法律はなく，母子福祉施策の一部を父子家庭に援用する形で支援が行われている。

母子世帯，父子世帯ともに，1人の親が父・母両方の役割を果たすことが求められ，家事や家計に加えて精神的負担も大きいと思われる。

2．子育てや生活の支援

(1) 母子家庭等日常生活支援事業

ひとり親家庭の社会的な理由（病気，事故，冠婚葬祭，出張等）や，自立促進のための理由（求職活動，技能習得のための進学等）によって，日常生活に支障をきたすと認められるときに家庭生活支援員を派遣し，乳幼児の保育，食事の世話，住居の掃除等の日常生活についての支援を行うものである。

(2) 子育て短期支援事業

短期入所生活援助（ショートステイ）事業：保護者の病気や出張等仕事の理

由で，一時的に子どもの養育ができないときや緊急一時保護，または育児不安や育児ストレス等による精神的負担の軽減を図るレスパイトケアのために，子どもを児童福祉施設等において短期間預かるものである。

　夜間養護（トワイライトステイ）事業：保護者が，仕事等の都合で帰宅が恒常的に夜間になる場合や休日に不在の場合に，児童福祉施設等で食事の提供や生活援助を行うものである。

（3）ひとり親家庭生活支援事業

　児童訪問援助事業（ホームフレンド等）：ひとり親家庭の子どもが，気軽に相談できる大学生等の児童訪問援助員（ホームフレンド）を家庭に派遣し，子どもの悩みを聞いたり心の支えとしての役割を果たしたりするという事業である。

　ひとり親家庭情報交換事業：ひとり親家庭が定期的に集い，悩みや相談を打ち明け合う等の交流や情報交換を行うことにより，共助の精神を養い，早期の自立をめざすよう促すことを目的とする事業である。

（4）生活の場の確保

　母子生活支援施設：母子生活支援施設は，児童福祉法に基づく児童福祉施設の1つで，「配偶者のない女子またはこれに準ずる事情にある女子及びその者の監護すべき児童を入所させて，これらの者を保護するとともに，これらの者の自立促進のためにその生活を支援することを目的とする施設」である。つまり，母子生活支援施設は，単なる住居の提供にとどまらず，生活指導，就労支援や施設内保育の実施等を通じて，その生活を支援する施設である。

　また，施設を退所した者に対しても，相談や援助が行われることとなっている。さらに近年では，配偶者による暴力により母子家庭となるケースも少なくなく，そうした母子にとって緊急避難的な役割も果たしている。

　公営住宅の供給：地方自治体が公営住宅の供給を行う際には，ひとり親家庭が優先的に入居できる枠を確保する等の努力義務が課せられている。

（5）保育所の優先入所

　ひとり親家庭の自立のために，就業や求職活動，職業訓練等のために保育所入所や放課後児童健全育成事業の利用の希望がある場合には，優先的に利用できるように配慮されている。

（6） 母子福祉施設

母子福祉センター：母子及び寡婦福祉法に基づいて設置される施設で，無料または低額な料金で母子家庭の相談に応じたり，生活や生業のための指導を行う。

母子休養ホーム：母子及び寡婦福祉法に基づいて設置される施設で，母子家庭に対してレクリエーションや休養のために利用できるものである。

3．就業支援策

（1） 母子家庭等就業・自立支援センター事業

2003（平成15）年に創設された機関であり，就業相談等の就業支援，就業支援講習会等の実施，就業情報の提供，養育費の取り決め等の法律相談等といった総合的な就業支援を実施する。運営については，母子家庭等における特有の悩みや問題について理解や見識の深い母子福祉関係団体等に委託することができる。

（2） 自立支援給付金

自立支援教育訓練給付：母子家庭の母が，指定された教育訓練講座を受講し完了した場合に，その受講費の一部が支給される制度である。

母子家庭高等技能訓練促進費：看護師，介護福祉士等，就職に有利な資格取得のために，2年以上養成機関で修学する場合，修学期間の最後の1/3の期間，生活費の負担を軽減することを目的として，月額10万3,000円が支給される制度である。

（3） 雇用機会の拡大

公共職業安定所と連携し，母子家庭の母等への就業斡旋を強化するとともに，事業者に対しても雇用の拡大を図っている。たとえば，母子家庭の母をパート採用し，その後OJT（実地訓練）をしたうえでフルタイム職員として採用した場合，1人あたり30万円の奨励金を支給する「**常用雇用転換奨励金**」等の制度がある。

また，公共施設における売店設置や理容・美容業の設置，製造たばこ小売販売の許可においては，母子家庭の母や母子福祉団体からの申請について積極的に許可するように，努力義務が課せられている。

4．養育費の確保

　離婚により母子家庭となった世帯では，前夫と養育費の支払いについて取り決められたにもかかわらず，時間の経過とともに支払われなくなるケースが少なくない。支払われるべき養育費も，家計を支える所得として見こまれているのにもかかわらず，実際に取り決めとおりの養育費を受け取っている母子世帯は全体の約21％にすぎない。このため，離婚時の養育費の取り決めについての広報・啓発活動や法律相談等のサービスが実施されている。

5．経済的支援策

（1）　母子福祉資金貸付金

　母子家庭及び寡婦を対象とする貸付金制度は，母子福祉施策のなかで最も利用頻度が高く，母子家庭の生活を支えているものである。それぞれの必要に応じて，以下のような13種類の貸付金がある。

　①事業開始資金　②事業継続資金　③修学資金　④技術習得資金
　⑤修業資金　⑥就職支度金　⑦医療介護資金　⑧生活資金
　⑨住宅資金　⑩転宅資金　⑪就学支度金　⑫結婚資金
　⑬特例児童扶養資金

2003(平成15)年度からは，母子家庭の子どものための貸付金（就学支度金，修学資金，就職支度金，修業資金）については，子ども本人に貸し付けることができるように対象が拡大された。また，就職のための技能訓練を受けている間の生活資金についての貸付も，単独で実施されるようになった。

（2）　児童扶養手当

　離婚等によって，父親と生計を共にしていない子どもを対象に手当を支給し，その家庭の安定と自立を促進し，子どもの健全な成長に寄与することを目的として，児童扶養手当が支給される。受給者は，子どもを養育する保護者である。

　児童扶養手当は，2002(平成14)年に改定され，母子家庭の自立を促進する目的で，受給者の所得に応じて支給額が段階的に支給されることとなった（全額支給または一部支給）。また，前年度中に受け取った子どもの養育費の8割が所得として換算されることとなった。この所得制限により，支給額が減額され

た母子家庭は，母子福祉資金貸付金の特定児童扶養資金手当により，差額の貸付を受けることができる。

さらに，ひとり親家庭になったばかりの時期に重点的に支援を行うことを目的として，受給開始から5年経過後に支給を停止することとなった。ただし，3歳未満の子どもを養育している母子家庭の場合は，子どもが3歳になってから5年間経過するまでは支給され，支給停止の時期になっても自立が困難と判断される母子家庭については，減額のうえで手当の支給が継続されることとなっている。

トピックス5：子ども家庭福祉サービスの今後の方向性

子ども家庭福祉サービスの改革が，急速に進行している。児童福祉法・次世代育成支援法が改正され，また2010（平成22）年からは，新たに次世代行動計画の後期計画が実施されることとなる。その方向と課題は，次の3点に整理できよう。

第1に，サービスの量的拡大と多様化である。1989（平成元）年の1.57ショック以降，子育て家庭を社会的に支援する必要性が認識され，子ども家庭福祉サービスは拡大した。しかしいまだ不足しており，必要な家庭に届くためのサービスの拡充と柔軟なしくみが求められている。このために，新たな子ども家庭福祉サービスと供給主体が法定化されるが，実際に質を確保したサービスをいかに拡大していくかが，今後の重要な課題である。

第2に，当事者を尊重し，参加を促すしくみづくりである。子どもと親がもつ力や可能性に着目し，一方的に与えるだけのサービスではなく，参加を通して親子を**エンパワメント**することが求められている。特に，仲間関係による相互支援（ピアサポート）には独自の効果があること，それが子どもを見守る地域づくりにつながることが認識されつつある。

子どもの健やかな育ちには，専門職による支援と地域住民による相互支援のいずれも必要であり，今後，それぞれのもつ特性をいかし，相乗効果が得られるよう考慮して，サービスを計画的に整備していくことが望まれる。

第3に，潜在的なニーズにアクセスするしくみづくりである。サービスを利

用したり，活動に参加したりする家庭のニーズは，社会的に認知されやすい。しかし，孤立し援助を求めない家庭のニーズは地域に潜在化し，見すごせない問題となって初めて顕在化する。これら潜在化したニーズにアクセスするための新たな**アウトリーチ**のサービスが，乳児家庭全戸訪問事業や養育支援訪問事業であり，今回の法改正で法定化される。

ただし，その内容については試行途上にあり，潜在化した家庭に届くためには，以下に述べる課題が重要となる。

ここまで3つの方向性を示してきたが，これらの動きが，実際に効果をあげるためには，子どもにかかわるあらゆる大人が協働し，地域に**ネットワーク**を張り巡らすことが不可欠である。さらに，子ども家庭福祉サービスの本来的な利用者は，子どもであることを再確認し，子どもの最善の利益を中心に据えて，サービスを評価，検討すべきであろう。

サービスの拡充や住民参加は重要だが，子どもに対する直接的な保育・支援の質を低下させて量的拡大を図るという方向に進んではならない。そのためには，子どもが権利の主体であるという認識を浸透させる取り組みや，子ども自身の声を聞き，参画を促進すること等も必要となろう。

子ども家庭福祉サービスは，児童福祉法に基づく，すべての子どもの安全・安心な生活と愛される権利を実現するためにある。その目標のもとに，保護者・地域と協働し，子ども家庭福祉サービスを展開していくことが大切である。

(金子恵美)

演習問題

A. それぞれの分野（保育，健全育成，障害児など）から特に関心のあるものを1つ選び，その分野に関する施設サービスや在宅サービスの現状や課題について調べて発表しよう。

B. 保育士に求められる専門性について，考えをまとめてみよう。

C. 他の国の児童福祉サービスとも比較して，日本の児童福祉サービスの特徴や課題についてまとめてみよう。

6章 児童福祉援助活動の実際

本章では，保育士が行う援助活動について，実際の事例をとおして理解を深めることを目的とする。特に，①保育士（保育所）が行う地域子育て支援の意義，②児童相談所をはじめとする他機関との連携のあり方，③施設保育士としての援助活動の特質，の3つの事柄について具体的な理解を深めるよう学習する。

1 保育士とソーシャルワーク

　児童福祉分野で働く専門職のうち，その多くを占める保育士に求められている役割は大きい。

　保育士の多くは保育所に勤務しているが，その他にも，乳児院・児童養護施設や障害児関係の入所・通所施設，さらに民間の保育・子育て支援関連の企業や団体など，子どもと子育て家庭に関するさまざまな場で勤務している。保育士は，子どもの心身の発達支援のプロであり，日々，個々の子どものニーズへの対応，集団としての子どもへの支援などを行っている。

　しかし，子育てに関する不安感や多種多様な家庭環境，子育てサポート体制の不足など，多くの子育てに関する課題のある現代，保育士としての仕事のなかで，日々の子どもへの保育を懸命にしても，なかなか解決に結びつかないことに出会うこともあるだろう。そのような場面で，ソーシャルワークの視点をもち，支援を展開することが有効であると考えられる。

1．保育士におけるソーシャルワークの必要性

　保育士となるための学習のなかで，子どもの発達や保育の仕方などの教科は非常に多いだろう。そのなかで，「社会福祉」「児童福祉」「社会福祉援助技術」などの社会福祉系の科目も必修科目として設置されている。それに気づき，「保育士になるのに，福祉の勉強がどうして必要なのかな？」「福祉って，面接室で相談しているイメージがあるな」など，福祉系の学習を始める前には戸惑いを感じる場合も多いだろう。

　保育士として子どもの発達支援と同時に，ソーシャルワークも必要な理由には大きく2つある。1つは，保育士の多くが働く保育所や，乳児院・児童養護施設・知的障害児通園施設などの通所・入所施設が，すべて児童福祉法に定められた社会福祉施設だからである。2つめの理由は，複雑多様化した現代の子育て環境において，ソーシャルワークの視点をもって支援することが不可欠だからである。

　では，ソーシャルワークの視点とはどういう視点なのだろうか。

2．ソーシャルワークの視点

　子どもの福祉施設では，保育士の大きな役割である子どもの発達支援がとても重要である。日々，子どもたちを安全で安定した環境のなかで養育し，その心身の発達を見守り促すということは，非常に大切な事柄である。しかし，先述したように現代の子育て環境において，子どもへの支援を徹底的に行っても，うまく問題や課題が解決できない場合も多い。ソーシャルワークは，こうした課題に対し，子ども一人ひとりのニーズをさまざまな切り口から的確かつ総合的に判断できる視点をもっていることが特徴である。

　「さまざまな切り口から総合的に判断する」とは，どういうことだろうか。それは，ソーシャルワークが人を，環境的側面も含めてとらえているということである。そして，人と環境の相互作用のあり方を含めて問題・課題となっている状況をとらえ，それらを子どもやその家庭自身の力で解決できるよう促しながら環境をつくっていくのが特徴である。

　このため，ソーシャルワークが対象とするのは子ども自身だけではなく，そ

の養育環境である家庭（婚姻関係は問わずあらゆる形態の家庭）や親族，養育環境としてある地域近隣の住民や友人，子育て関連機関・施設，公私の各種子育て支援サービス関係者，幼稚園や学校，病院，保健所などあらゆるものである。

　そして，生活上の課題や問題には，その環境に至った歴史についての理解や考察が必要な場合も多い。このため，現在の問題・課題がどのような環境のなかで，どのような相互作用によってもたらされてきたのか，また，それをどのように変化させていけばよいのかを，子どもや家庭とともに考え，よりよい方向に導いていくのである。

　このように，子どもと家庭とともに進めていく支援過程においては，子どもや家庭との信頼関係の構築が非常に重要になってくる。このため，ソーシャルワークにおいて利用者との関係をつくるときに重要な7原則というものがある。これは「バイステックの7原則」といわれ，ソーシャルワークには欠かせないものである。

3．バイステックの7原則と児童福祉

　バイステックの7原則とは，次の7つである。

（1）　個別化　　（2）　意図的な感情表出　　（3）　統御された情緒的関与
（4）　受容　　（5）　非審判的態度　　（6）　自己決定
（7）　秘密保持

（1）　個別化

　問題・課題を抱えている子どもや家庭を，個人としてとらえるということである。

　たとえば，知的障害のある子どもの養育に悩みを抱える家族の支援にあたるとする。保育士として，以前，同じ程度の知的障害のある子どもとその家庭への支援をした経験があったとしよう。しかし，この原則では，一人ひとりの子どもを個人として，そして一つひとつの家庭も同様にとらえる。このため，一見同じようにみえる課題についても，以前と同じであるととらえない（同じ支

援で済まさない）ことが重要である。
　同じ程度の障害にみえ，同じような相談内容であっても，その子どもの個性や性別，障害のあらわれ方は違う。また，その子どもの家庭をはじめとする環境には大きな違いがあるだろう。したがって，一人ひとりにそれぞれの特徴やニーズがあり，それぞれに応じた支援があると考えることが，この原則である。
（２）　意図的な感情表出
　子どもや家庭の感情表出を尊重するということである。
　子どもは，家庭で課題を抱えている場合，自分の感情を遮断したりまったく逆の感情を表したりすることもある。また家庭も，感じているとおりの感情ではなく，きまりが悪くて攻撃的であったり遠慮して控えめだったりするなど，つくろった感情を表している場合も多い。そうした表面上の感情の表れ方を理解し，その意味や理由を敏感に察知することが大切である。
　また，支援者としては，否定的感情（特に怒りなど）を表出されることはうれしいこととはいえないだろう。しかし，子育てにおいてはうれしさや楽しさが多くある一方で，怒りや悲しみ，憎しみなどの否定的感情を感じることも多い。このことを理解し，そうした感情についても表出することが必要だと判断したときには，安心して表に出すことができるようなかかわり方が大切である。
（３）　統御された情緒的関与
　支援する際の自分の感情を自覚し，コントロールするということである。
　支援者も人間である。子どもや家庭の支援の際，さまざまな感情を抱くだろう。しかし，それを自由に子どもや家庭に対して表すことは適切ではない。支援者の反応をうかがったり，子どもや家庭が自分の感情を出しにくくなったりすることが考えられるからである。
　課題の主人公である子どもや家庭には，意図的な感情表出をうながしながら，同時に支援者である自分は，支援過程で自分が抱く感情を理解する。そして，それを表出することが子どもや家庭にとって適切であるかどうか，適切であるならば，どのように表出すればいいのかを考えることが重要である。
（４）　受容
　子どもや家庭を受け入れるということである。
　子どもと家庭への支援のなかでは，さまざまな子ども，家庭，そしてその価

値観，形態，状況などに出会う。それらをすべてそのまま正しいこととして受け入れたり，うのみにしたりすることが，ここでいう「受け入れる」ということではない。その子どもや家庭自身やその感情，価値観などを含めて，その人であるということを受け入れるということである。

　支援者自身も，自分の価値観をもっている。たとえば，子どもに食事をつくらない保護者に対して，「子どもには栄養のあるものを心をこめてつくらなければならない」という考えをもっているとする。しかし，その考えがいかに正しいもの，常識的なものであっても，子どもに栄養のある食事を提供していない現状を，なぜそうなるのかを理解することからはじめないかぎり，その子どもや家庭を真に理解することにはつながらない。

　つまり，自分の価値観はもっていながらも，他の価値観の存在も受け入れられることが重要である。

(5)　非審判的態度

　子どもや家庭を批判しないということである。

　支援者にもさまざまな価値観があるため，子どもにとって不適切であると考えられる事柄について，「なぜ保護者は○○ができないのだろう」「保護者がもう少し努力してくれれば」と思ってしまうこともあるだろう。また，自分の願っているようにならない子どもに対して「なぜ○○してくれないの！」と感じてしまうこともあるだろう。

　しかし，ソーシャルワークにおいては，そのような子どもや家庭について，「なぜだろう？」と考え，子どもや家庭に問うていくことを大切にしている。批判することなく，なぜかを問い，なぜかを考えるなかで，子どもが言うことを聞かない原因が明らかになったり，保護者がなかなか迎えに現れない理由がわかったりすることもある。

　支援者の考えがすべて正しいのではなく，すべての子どもや家庭にはそれぞれの事情があり，その言動にはその人特有の理由がある。うまくいかないことを「問題児」「問題家庭」という見方をするのではなく，「なぜ？」と謙虚に問うていくことが大切である。そのなかで逆に，支援者が教えられることもあるだろう。

（6） 自己決定

　子どもや家庭がする決定を尊重することである。

　支援者が経験から，あるいは客観的にみて，こうすることがいちばん解決に近いと思われることも，支援過程では多くあるだろう。しかし，その子ども，その家庭にはそれぞれ独自の状況がある。

　このため，その解決方法も独自なのである。子どもや家庭が自分たちの現状を見つめなおし，解決策を考え，決定していくまで試行錯誤することは，支援者が思っている以上に勇気のいることである。支援者が子どもや家庭とともにあり，見守り支えることができる支援過程にあるうちに，自己決定を考え，試してみる機会を提供することが大切である。

　これも受容と同じく，子どもや家庭の考えをそのまま正しいととらえるということではない。支援過程では，失敗するだろうと予測できることもあるだろう。その場合も，状況を考えるなかで，失敗を回避できるよう支援するほうがよいのか，その失敗体験を生かしたほうがよいのかなど，子どもや家庭のその後の生活の力となるよう検討しながら自己決定を促すことが大切である。

（7） 秘密保持

　子どもや家庭の秘密を守るということである。

　秘密を守るということは，支援関係に大切な信頼関係を築くためにも重要である。これは，ソーシャルワークだけではなく，保育士の仕事においても同様に重要なことである。しかし，子どもや家庭への支援は，支援者が一人で支援を完結するのではなく，同僚や他機関・他施設に引き継いで，あるいは連携して進めている。このため，支援者間で秘密を共有することも重要な場合が出てくる。その際には，子どもや家庭に対して，秘密をどの範囲まで，なぜ共有するのかを話し，納得してもらうことが大切である。

　このような7原則のもとに，ソーシャルワークでは支援関係をつくっている。保育士の業務においても，これらの原則は重要なのではないだろうか。子どもが好きである，子どもが笑顔で楽しく過ごすことができる毎日であってほしいと思うからこそ，保育士はその仕事のなかで抱くさまざまな感情と葛藤することが多い。しかし，これらの原則を援用することで，葛藤が処理しやすくなり，子どもや家庭への理解も深まるのではないだろうか。

4．ソーシャルワークの支援過程

　保育士の行う保育においても，子どもの年齢や個々の心身の発達，また子ども集団の発達に応じた保育計画を立案し実施している。ソーシャルワークにおいても同様に，個々の利用者のニーズに応じた支援を展開している。
　ソーシャルワークの支援過程は，次の7段階である。

---
①問題・課題の発見→②アセスメント→③契約→④支援計画の作成と実行→⑤モニタリング→⑥評価→⑦終結

　この支援過程は，①から⑥まで終われば支援が終了するというものではない。問題となっている状況が改善されない場合，あるいは支援過程の途中段階で状況が変化してしまった場合など，前の段階に何度も戻って繰り返しながら支援が展開される。
　その詳細については次に述べるが，保育士の業務においても，日々の慌ただしさに紛れずこの支援過程を意識しながら行うことで，子どもや家庭の現在と将来を見据えた支援が展開できるだろう。

2　相談援助活動（育児不安などの相談対応）

　ソーシャルワークは，目先の子どもだけではなく，その子どもをとりまく環境的側面も含めた支援を展開することを前節までで学んだ。次に，相談援助活動における支援について考えていこう。
　児童福祉の相談援助活動は，さまざまな場でさまざまな専門職により行われている。相談援助活動として代表的なものには，児童相談所や市町村の子ども家庭福祉相談窓口が挙げられる。このような公的相談援助機関には，子どもと子どもを養育する家庭に関する，多種多様な相談が寄せられる。
　公的機関に加え，入所・通所・利用形態の児童福祉施設やその相談援助活動部門（児童家庭支援センターなど），民間の相談援助窓口，NPO，社会福祉協

議会などにおいても，児童福祉関連の相談援助活動が行われている。これら公私の相談援助に寄せられる相談は，その種類・内容ともに多岐にわたっている。

1. 児童福祉に寄せられる相談

(1) 核家族化と情報の氾濫

　子どもの育児において，「育児不安」「育児ストレス」といった言葉をよく聞く。その理由はさまざまだが，現代は保護者にとって子育てしにくい要素がたくさんある。その代表的なものが，核家族化である。

　日本が核家族化しはじめてから，すでに長い年月が経っている。祖父母なども含めた拡大家族で生活する割合が減り，祖父母などの近親者や育ってきた地域から離れて暮らす家庭が増えることで，従来，日本の子育て環境の重要な役割を担っていた地縁・血縁を活用した子育てのできる機会が減った。

　血縁関係に支えられての子育てがしにくくなったうえに地縁が薄くなったことで，地域で子どもを見守り合う環境，子ども同士の育ち合う環境が減っている。そういう環境で育った子どもが親世代となり，子どもと接した経験や子ども同士で育ち合った経験の少ない人々が，初めての子育てに右往左往する状況がみられる。

　一方で，インターネットや雑誌などによる情報は氾濫しており，それに頼らざるを得ない状況もみられる。人間の対話による情報は，疑問があれば尋ねられる。しかし，インターネットや雑誌などによる情報は子どもによる違い，状況による違いにまでは対応していない。このため，小さな育児不安が大きく膨れあがるということも現代の特徴である。

(2) 高就労率と労働条件

　現代の保護者は，男女問わず就労しているケースが多くみられる。しかし，それに見合う労働条件でない場合も多い。育児休業期間が制度上あったとしても，実際は女性がとりにくい雰囲気であるといったことは多くみられる。男性はなおさらである。

　また，休業期間が終了し，仕事と子育てとの両立をめざしても，就業時間が子どもを迎えに行く時間に間に合わない場合も多く，保育所から民間の育児サポートサービスへと，子どもが複数のサービスを1日で受ける場合も多い。そ

の他，保護者自身が身体的・精神的・知的障害を抱えての育児であるケースもあり，育児サービスが，現代の保護者のニーズに見合う量に至っていない，あるいは内容・質が合っていないことは，現在も大きな課題である。

(3) 専門職としての相談援助・支援

こうした現代の状況のなか，子育てをしている保護者が，さまざまな悩みを抱えていても当然である。また，専門職からみて，その相談内容のレベル（深刻度）がたとえ低いと感じられたとしても，今日の環境のなかでの子育てにおいては，当事者にとってはどれもが非常に深刻度の高い問題なのである。このため，相談援助活動は，どのような相談内容であってもその人にとって最大のレベルのものであるのだという認識と，ていねいなかかわりが大切である。

また，そのときの危機を乗りこえる術のみではなく，必要に応じて中・長期的にその子どもと家庭を支える連携体制など，将来的な展望をもった支援が必要である。そのために，ソーシャルワークによる支援の展開過程を意識した支援も大切である。

2．相談援助活動のプロセス

(1) ソーシャルワークの支援過程を意識した相談援助

次に，ソーシャルワークの支援過程の7段階（p.155参照）についてくわしくみていく。

■問題・課題の発見

① 子どもの様子の変化や子ども自身の言動
② 保護者の様子の変化や保護者自身の言動
③ 子どもや家庭に対する周囲の気づき

問題・課題は，上記のことなどから発見にいたる場合が多い。子どもの様子としては，身体的虐待のようにトイレ介助や着替えの際，明らかに子どもにあざがあることを発見するといった場合もあれば，子どもの喜怒哀楽の表し方や頻度・程度，表情が日頃と違っているといった場合などさまざまである。子ども自身のささいな言葉から保育者が気づく場合もある。

また，子どもの忘れ物が多い，保護者自身の表情や感情の波の変化，時間など約束事に対する姿勢の変化など，保護者の変化からも家庭環境の変化や保護

者自身の抱える問題があらわれてくる。または保護者自身が相談をもちかけサインを示してくれる場合も多い。

さらに，近頃家から親子が出てこない，子どもの異様な泣き叫ぶ声が聞こえる，保護者の怒声が聞こえるなどといった状況から，地域近隣や友人・知人などが気づき通告，相談して発見にいたる場合もある。

保護者自身が支援を望んでいない，あるいは問題から目をそらしていたい場合や，子ども・保護者・地域などのどこからもサインが出ない潜在ケースもあり，支援過程に進むことが難しい場合もある。

■アセスメント

その問題の「なぜ？」を理解し，子どもや家庭に必要なことは何かを明らかにしていく段階である。問題はなぜ，どのようにして起こっているのか，それはどの程度であるのか，それに対して子どもや保護者はどう感じ考えているのか，何ができるのか，さらに子どもと家庭に提供できるサービスにはどのようなものがあるのかなど，問題となっている状況を子どもの環境的側面から総合的にとらえ理解する。

また，それについて支援の対象となる子どもや家庭にわかる形で伝える，ということが必要になってくる。

■契約

アセスメントに基づいて，支援の必要性の有無や，相談を受けた場での支援の提供の可否なども判断される。支援することが難しいという場合は，他機関で支援を受けられるよう手配するが，支援が可能であり必要な場合は，支援過程を進めるための契約段階に移行していく。児童福祉の場合は措置制度と契約制度が共存しているため，明確に契約段階に移ったといいきれないケースもあるが，子どもと保護者に説明のうえ，納得してもらう作業を行っていく。

■支援計画の作成と実行

相談者の納得を得たうえで援助のための計画を立て，短・中・長期的目標を作成していく。このとき，子どもや保護者が可能な範囲で，計画立案に参加するよう促していく。作成した目標を実行するなかで，子どもの成長発達，保護者の変化に応じて短期的目標の達成を促し，中・長期的目標を数か月から数年かけて達成していくことができるよう計画を練り実行していく。

■モニタリング・評価

　結果をモニタリングし続け，計画の達成具合，子どもや家庭の変化やそれに対する考え，サービス提供者側の考えなどを合わせて，評価段階に入っていく。

（2） 支援過程に沿った保育展開

　このように支援は展開していくが，問題の発見から終結まで一度ですべてが終わるケースばかりではない。子どもの成長進度は速く，家庭環境も変化していくため，ニーズそのものが変化していく場合も少なからずある。

　このため，計画を見直したり，アセスメントをし直したりと，必要な段階から再度やり直し，繰り返すものである。そして，この支援過程は，すべてを支援者単独で行うものではなく，必要な知識・技術を同僚や他専門職と出し合いながら連携して展開していくのである。

　保育士が，この段階の重要な役割を占めているケースも多い。たとえば，保育所で担当クラスの子どもの小さな異変に気づくことから，保護者の病気，離婚や蒸発，虐待など，家庭環境の大きな変化が判明する，または保護者の変化から，劣悪な労働条件と育児の両立が難しくなっていることが判明する，あるいは保育所での地域支援活動や地域近隣からの通告により，地域の子育て家庭が子育てに悩んでいることが判明するなど，子育てに密着した場で働く保育士は，問題の発見段階からケースに密にかかわる場合が多い。

　また，支援過程に入ってからも，子どもや家庭の日頃の様子などを把握し説明できる存在，支援計画をともに実行していくことのできる存在が，保育士であるというケースが非常に多い。また，ソーシャルワークの支援過程は，日々の保育に追われるなか，客観的かつ建設的に支援を進めていく指標となる。そうした意味でも，保育士にとっても，この支援過程を頭に描きながらの保育の展開が重要であると考えられる。

3　施設入所児童の援助

　子どもの相談援助活動に続いて，次に，施設入所児童への援助について考えてみよう。

児童福祉に関する施設には、「保育所」のほかに、児童館などの**「利用施設」**、知的障害児通園施設や各種障害児施設の通所部門などの**「通所施設」**、乳児院・児童養護施設・情緒障害児短期治療施設や知的障害児施設・重症心身障害児施設などをはじめとする障害児系施設など、子どもが家庭と離れて生活する**「入所施設」**の3種類がある。また、家庭から離れて生活しているという意味では、施設ではなく、養育里親という存在もある。

ここでは、家庭から離れて生活する入所施設について学ぶこととする。

1．子どもが入所施設で生活する理由

子どもが入所施設で生活する理由としては、子どもや保護者の知的・身体・精神障害、保護者の疾病、就労、離婚、行方不明、借金、虐待、服役、薬物・アルコール依存症など、さまざまなものがある。このような理由により多くの子どもが入所している施設として代表的なものは、乳児院・児童養護施設といった施設である。

ニュースや雑誌では、子どもがこれらの施設に入所する原因となった児童虐待についてたびたび報道される。たとえば、虐待問題が報道されるのを聞いたとき、人々はどう思うだろうか。「親が子どもに手をあげるなど信じられない」「子どもを放って親が遊びに夢中になるなんてもってのほかである」など、保護者を批判する意見の一方、「虐待、虐待と騒ぎすぎではないか。しつけは大切である」「子どもはわがままだから手をあげても仕方がない」など、保護者を擁護する意見など実にさまざまであろう。

しかし、本章の初めに学んだように、ソーシャルワークの視点では、子どもが入所に至った理由を「なぜ？」と考え、批判せずに入所に至った経緯を環境的側面からとらえることが大切である。ソーシャルワークの視点からとらえると、同じ虐待問題でも違った視点からの考察をすることができる。

子どもが悪いわけでも保護者が悪いわけでもなく、「虐待」という問題が表面化している裏に、保護者の障害や疾病などによる苦しみ、アルコールや薬に走らざるを得なかった体験や環境、耐えがたいDV（ドメスティック・バイオレンス）、改善の方法が見つからないほどの労働環境など、保護者自身もどうにもならない環境的要因で苦しんでいることがわかる。

また，そうした状況で子どもと保護者がともに苦しみながらも，「子ども（親）のことが好き」であり「一緒に生活したい」と思っている場合が少なからずあるのである。このような視点からみると，子どもと保護者の問題を批判するのではなく，その環境をいかに整えていくかが大切であることがわかるだろう。

2．施設で生活する子ども・家庭への支援プロセス

（1） 支援過程の実行
　施設で生活する子ども・家庭への援助においても，ソーシャルワークの支援過程が実行されている。

■問題発見・アセスメント

　乳児院・児童養護施設といった入所施設を例に挙げると，まず，第1段階の問題発見を経て施設入所してきた子どもは，アセスメントも児童相談所などで行われている場合が多い。しかし，児童相談所の業務は非常に煩雑であること，アセスメントができる時間や機会も限られていること，時には保護者から子どもを強制的に引き離す必要もあることなどから，アセスメントを完全にすることは難しい。このため，アセスメント段階は，入所施設において重要な段階となっている。

　アセスメントは入所後から始まるのではなく，可能であれば入所以前に子どもや保護者と接点をもち関係づくりの基礎を築くこと，情報を収集しておくことも重要である。入所後には，問題となっている事柄や，子どもと家庭の置かれてきた状況（実際にともに生活している家族員の再確認も含めて），問題の原因，どのような支援者・支援機関がどのようにかかわってきたのか，子どもや家庭にどれくらいの対処能力があるのかなど，これまでの支援機関からの情報や入所前後の面接，生活の様子などをもとに総合的に判断していく。

■契約

　契約の段階では，これらの施設は措置制度によるため，保護者の同意がなくとも子どもを入所させることができ，必ずしも契約手続きが入るわけではない。しかし，入所に対し不本意であると考えている保護者も含め，すべての保護者に施設で生活することへの理解を求めること，また，子どもが生活する居室な

どを実際に見学したり，保護者に代わって日々の支援にあたる援助者を紹介したりすることで，保護者の不安を減じるように工夫することが大切である。

また，子どもの年齢を問わず，子どもができる限り安心して生活の拠点を移動できるよう，子どもの理解度に応じた説明や，入所前の援助者との交流をはかっていく必要がある。

■支援評価・モニタリング・評価

支援計画の作成と実行においては，相談支援と同様，短・中・長期的目標を作成し実行していく。子どもの入所施設においては，家族の再統合や子どもの自立生活などが大きな目標となるため，それをめざして「児童自立支援計画」と呼ばれる計画が立てられる。子どもの日々の生活をとおして，ローテーションを組んで働く援助者が，どのように連携し，どのような役割をもって計画の実行に当たるかが，一人ひとりの子どもとその家庭に対して決められる。

それとともに，どのように家庭への支援をしていくか，関係諸機関や関係者との連携はどのようにしていくか，地域の社会資源をどのように活用していくかなど，定期的に計画立案し，実行し，モニタリング・評価されていく。

子どもの発達，家庭環境の変化などが予想以上に大きく変化することが多いのも，これらの施設での支援の特徴である。このため，定期的にこれらを行うほか，必要に応じて不定期的に計画を見直し，評価段階までの各段階を繰り返していく。

(2) 入所施設退所後の支援

入所施設内での支援の目標は，**家族の再統合**や子どもの自立生活である。しかし，入所施設の支援の終結はそこにはとどまらない。家族の再統合や子どもの自立生活のあとの**アフターケア**も，その重要な役割である。なぜなら，子どもや家庭にとって，自分の生活の様子を理解したうえで退所後の支援を提供できるところは施設であり，特に高齢児やその保護者の相談先は数えるほどしかないからである。

また，自立生活によって退所した子どもにとって，自立後の生活には初めての経験が数えきれないほどあり，失敗することを不安に思うことも多い。このため，どのような生活を子どもや保護者が送っているかを確認し，必要に応じた支援を提供することなどが大切である。

このように，終結の期限に柔軟性が必要なことが，入所施設での支援過程の特徴である。

3．入所施設での支援の特性

（1） 援助者としての支援

入所施設での支援には，利用・通所施設とは異なる特性がある。

第1に，入所している子どもには家庭があることがほとんどであるということである。このため，ともに生活はしているが，保育士や児童指導員などは，お母さん・お父さん代わりではなく，援助者なのである。援助者として，子どもとその家庭の状況を総合的に理解し，支援を展開することが求められる。

（2） 必要な冷静さと考える余裕

第2に，入所施設での支援においては特に，子どもの表面上の言動に惑わされないことが重要である。「**試し行動**」や傷つき体験による怒りや悲しみの言動上の表出は，どのような形態の施設でもみられることである。しかし，子どもの体験の質と内容によっては，そういった言動の量や程度が援助者にとって苦痛と感じられるものとなることもある。そういうとき，常に冷静に状況を把握し対応できる援助者は少ないだろう。理解はしていても腹がたったり，傷ついたりすることがある。

しかし，子どもの表面上の言動をそのまま自分に向けられたものとしてとらえるのではなく，それがなぜなのか，本当は何を言いたいのか，何に向かっているのかなどを考える余裕が必要なことが，入所施設における支援の特徴である。同様のことが子どものみではなく，その保護者にもあてはまるケースも少なからずある。

（3） 専門職同士の連携

第3に，入所施設の支援は，専門職同士の境界があいまいなことが特徴として挙げられる。たとえば，保育士と児童指導員の業務は，一見同じように感じることが多い。また，**家庭支援専門相談員**や**心理療法担当職員**が生活支援に携わっているケースも多く，この場合，よりお互いの専門とする業務内容がわかりにくくなる。

しかし，福祉は連携が重要な仕事である。専門知識や技術を知っているから

といって，子どもや家庭を1人で抱えこむのではなく，施設内外の他の専門職と協力して，一つひとつの支援をともにつくっていくことが大切である。連携は，大きな効果や大きな物事に関してのみ行われるものではない。

たとえば，子どもの食に関する自立をめざして，保育士や児童指導員といった日常生活支援に携わる職員が，施設内の調理を担当する職員に，「幼児には皮をむいたリンゴを，小学生以上は皮つきのままのリンゴを果物ナイフと一緒に出していただくのはどうですか」と相談し，ともに「食材の皮をむけるようにする」という計画を立て実行していくことも，重要な連携である。

（4） 一般家庭と同じ日常生活

第4に，入所施設の支援は，一般家庭で日ごろ何気なく行われている家事が意図的に行われているということである。掃除や洗濯，衣類の繕い，買い物，食事づくりや食材の選択，食事の時間のもち方，子どもの学習，入浴など，一般家庭の日常生活で普通に行われていることの一つひとつが考えや目的をもって行われている。

つまり，その子どもにとって今，何をどのように行うことが必要か，この子ども集団にとってどのような環境をつくることが大切か，それに対応する援助者についてはだれがどのように対応することが望ましいのか，などを考え意図的に行われているのである。

（5） 自己覚知やスーパービジョンの必要性

最後に，入所施設での支援は，それに携わる援助者が燃え尽きやすいという特性がある。児童相談所などの相談援助機関でも，職員のバーンアウトは大きな問題となっているが，入所施設の職員が燃え尽きる割合は非常に高い。

労働時間や業務内容，求められる責任などと，その待遇が釣り合っているとはいえない。日々，さまざまな体験をして入所してきた子どもとかかわるなかで，ポジティブな反応のみではなくネガティブな反応にも対応し，長い労働時間と低い給与での勤務，私生活と仕事のバランス，職場環境，他専門職や他機関との連携など，さまざまな悩みから燃え尽きるケースが多くある。

このため，まず援助者は自己覚知をしっかりしておくこと，そしてスーパービジョンなど自分や自分の仕事を振り返る機会をもつことなどが，最低限必要である。

4 地域子育て支援

1．地域における子育て支援の必要性

　戦後，高度経済成長を通じて日本の社会変化が進み，そのなかで家族をとりまく状況だけでなく，家族のあり方そのものも大きく変化してきた。同時に，農村から都市部へ，地方都市から大都市へ，都心から郊外へと人口は移動を繰り返してきた。この移動のプロセスのなかで，地域的なつながりのほとんどない新興住宅や団地が次々に誕生するなど，地域社会が大きく変容している。

　そのような社会変動のなかで，家庭における子どもの養育環境もまた，従来のような自然発生的な地域社会や地縁・血縁により支えあうものから，社会における意図的な連携や協力のなかで支えあうものへと変化している。

　地域における関係が希薄化し，家族形態が変化したことにより，子育てを行う環境も変化している。それまでは3世代家族や地域社会のサポートを受けながら行われてきた子育てが，孤立して行わざるを得ない家庭が増加してきている。特に，子どもの年齢が低くなればなるほどその状況は顕著であり，地域のなかで孤立した状況で自分の子育てがこれでいいのか，といったような不安や悩みを抱えながら子育てをしている母親が少なくない（図・表6-1）。

　地域社会から孤立した親が，深刻な育児ストレスや不安を1人で抱えてしまわないように，子育ての肉体的・精神的不安を軽減する社会的なサポートを提供することが認識され求められている。

　そのようなことを背景として，各地につどいの広場や地域子育て支援センターなどの地域の子育て支援の拠点が設置されるなど，乳幼児とその親などの居場所や交流の場が広がりつつある。また，地域の子育てサークル，ボランティアやNPOなどと連携したさまざまな子育てに関するネットワークづくりの取り組みも拡大してきている。

2．子育て支援の種類

　子育て支援とは，社会生活のなかで生じる子育て困難に対応するためのサー

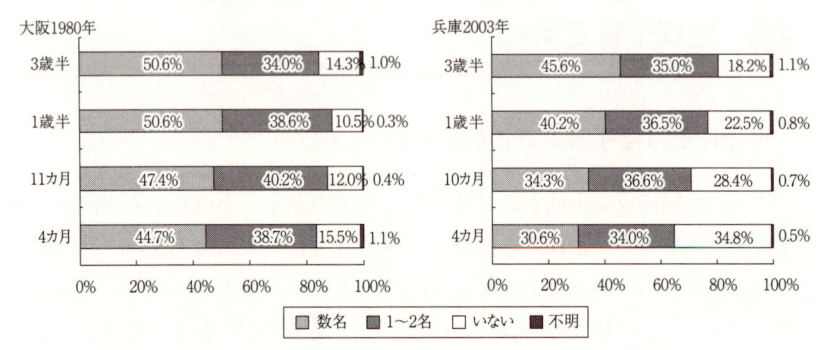

図・表6-1　子育てについての話し相手の有無

大阪1980年

	数名	1〜2名	いない	不明
3歳半	50.6%	34.0%	14.3%	1.0%
1歳半	50.6%	38.6%	10.5%	0.3%
11カ月	47.4%	40.2%	12.0%	0.4%
4カ月	44.7%	38.7%	15.5%	1.1%

兵庫2003年

	数名	1〜2名	いない	不明
3歳半	45.6%	35.0%	18.2%	1.1%
1歳半	40.2%	36.5%	22.5%	0.8%
10カ月	34.3%	36.6%	28.4%	0.7%
4カ月	30.6%	34.0%	34.8%	0.5%

（出典：原田正文『変わる親子，変わる子育て―「大阪レポート」から23年後の子育て実態調査より―』臨床心理学第4巻第5号，金剛出版，2004，p.587）

ビスであり，全国においてさまざまな施策や取り組みが実施されている。

　現在，全国で行われている子育て支援の種類には，①子どもの問題行動や子育てに困難を抱える家庭に対する個別的な援助活動，②地域における子どもの育成活動，③多くの親を対象とした子育て支援活動，④子育てへの環境整備，⑤子育てへの経済的支援などがある。

　子どもを育てている親は，それぞれの状況によりさまざまなニーズをもっていることから，画一的な支援の提供ではなく，地域や子育て家庭のおかれている状況，子どもの年齢などに応じた支援の提供が求められている。現在，子育て中の母親を中心とした当事者による子育てサークルが全国的に広がってきている。

3．子育てサークル

（1）　子育てサークルの意義

　現代の母親たちの多くは子育てに関して几帳面であり，マニュアルどおりに進まないとそれだけで不安になってしまう傾向がある。特に，子育てに真面目な母親ほど考え悩み，ささいなことで不安やストレスを抱えてしまう。

　子育ては決して1人で抱えきれるものではなく，状況に応じて多様な支援を活用しながら行うことが望まれる。家庭内において，母親が精神的に不安定な存在であれば，そこで一緒に生活する子どもにも発達上望ましくない影響を与

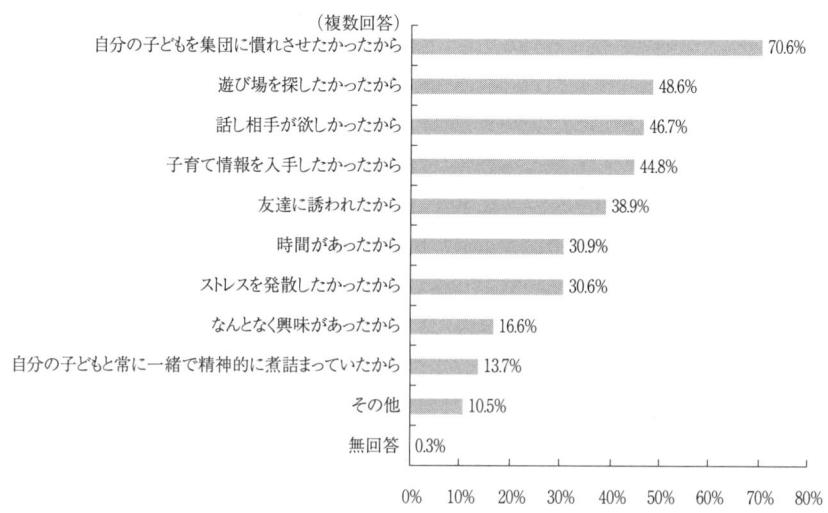

図・表6-2 子育てサークルに参加した理由

（複数回答）

理由	%
自分の子どもを集団に慣れさせたかったから	70.6%
遊び場を探したかったから	48.6%
話し相手が欲しかったから	46.7%
子育て情報を入手したかったから	44.8%
友達に誘われたから	38.9%
時間があったから	30.9%
ストレスを発散したかったから	30.6%
なんとなく興味があったから	16.6%
自分の子どもと常に一緒で精神的に煮詰まっていたから	13.7%
その他	10.5%
無回答	0.3%

（出典：子育てサークル研究会「子育てサークル活動に関する調査報告書」2001より）

えるであろう。しかし，母親が精神的に安定していれば，家庭は子どもにとって安心して成長することのできる場になる。

　地域関係のなかに，親の相談相手や子どもの遊び相手が確保されている場合には，子育てサークルなどの必要性は高くない。しかし，地域のなかで孤立しがちな核家族家庭などには，必要な子育ての情報をキャッチしたり悩みを気軽に相談したりすることのできる身近な子育て支援の充実が重要となる。

　2001（平成13）年に子育てサークル研究会が行った「子育てサークルの活動に関する調査」によると，サークルに加入した理由として「子どもを集団に慣れさせたかったから」「遊び場を探したかったから」など，子どものために参加したという母親が上位を占めた。

　一方で，「話し相手が欲しかったから」「子育て情報を入手したかったから」という親自身のための理由も少なくなく，日常的に，子育てについて相談する身近な相手がいない状況が見受けられる。また，「ストレスを発散したかったから」「自分の子どもと常に一緒で精神的に煮詰まっていたから」など，育児ストレスの解消を期待する場として参加している母親もいた（図・表6-2）。

（2）子育てサークルのメリット

子育てサークルのメリットをまとめると，以下のようになる。
① 話し相手ができることにより，子育ての不安軽減につながる。
② さまざまな子育ての状況を知ることにより，視野が広まる。
③ 子育てに関する知識や技術などの学習の場となる。
④ サークルに所属することにより，孤立感がなくなる。
⑤ 子どもの発達や障害に応じたかかわりが身につく。
⑥ 子どもに同年齢や異年齢の友達ができる。

このように，1人で子育てに悩んでいる親にとって，子育てサークルは子育てについていろいろな情報を得たり，自分の子育てがこれでいいのだという安心感を得たり，家庭で子どもと親とが一緒に楽しめる遊びを学んだり，メンバーとの交流をとおして仲間に支えられながら親として育っていくことができたりする，などの利点がある。

（3）子育てサークルの活動内容

子育てサークルの主な活動には，以下のようなものがある。
① 工作や絵本の読み聞かせ，英語学習などの特定の活動
② 親同士の会話などを中心とした親主体のサークル
③ 障害のある子どもやひとりっ子など特定の仲間で集まるサークル
④ 子どもの保育を中心としたサークル

これらは，それぞれのサークルにより多様な内容で実施されている。また，自分の子育てで悩んだ親たちが，現在子育て中の若い親たちへ支援するために，保育つきの学習会を開いたり，子育ての援助を行ったりというような活動も行われている。

4．子育てサークルの組織化と課題

（1）子育てサークルの組織化

子育てサークルとは，子育てをしている親たちが，そのことをつながりにして集まり，活動する団体である。それぞれの子育てサークルは，保育所や地域子どもセンター，あるいは保健所の検診などをきっかけとして誕生する場合や，公園での顔なじみ同士，また，インターネットのホームページなどで仲間を募

り組織される場合など，きっかけはさまざまである。

　早いものでは1970(昭和45)年前後から，子どもを地域で一緒に育てるために，子どもの友達や親自身の友達を中心として自主的につくられてきた。現在では，支援したい人や支援を行う市民グループが全国的に増え，当事者のニーズに合わせ多種多様な広がりをみせている。

　一方で，メンバーの子どもの年齢が高くなると活動が縮小したり，休止・解散したりするサークルも少なくなく，地域にあるサークルが競合しあうというケースもある。今後は，サークル同士が共存しあいながら，地域社会のなかで子育ての知恵を次の子育て家庭へと伝承していく，新しいネットワークの構築が求められている。これについては，複数のサークルが集まり独自にサークルネットをつくる，あるいはNPOを設立するなどの取り組みが進められてきている。

（2）　子育てサークルの課題

　子育てサークルは，地域によって活動場所の提供や活動費の補助など，行政からの支援に差がある。活動する内容により望ましい活動場所は異なるが，多くのサークルが，地域の集会所や児童館，公民館，保育所などの公共的な施設を利用している。また，公園などで活動しているサークルもある。そのため，活動する場所を定期的かつ継続して確保することのできるシステムづくりが求められている。

　また，ほとんどの子育てサークルが自主運営の形をとっているため，活動するための資金として1か月500～1,000円程度の会費を集めているところが多い。活動費の内訳は，活動場所となる部屋代，チラシや会報などの印刷費，保険加入，行事や活動に必要な材料費，講習会を行う際の講師謝礼金などである。会費の徴収のほかには，バザーなどの開催や行政からの助成金などがある。

　一方的に行政が画一的な援助を行うのではなく，活動を見守りつつもそれぞれの子育てサークルの個性や特徴を理解し，サークルのもっている力を引き出していくような支援が必要である。さらに，地域において各サークルが成長し，継続した活動を行えるようなグループの育成・支援方法の構築が，今後，求められている。

5　関係機関との連携

1．児童福祉と関連分野の専門職

　子どもに関する問題は，家庭環境をはじめとしたさまざまな問題が複雑に絡みあって生じるものであり，単独の機関のみで対応できるものは少ない。障害のある子どもには，医療機関や保健所に配置されている専門職との連携が不可欠であるし，不登校の子どもへの対応では，担任やスクールカウンセラーなどと連携することとなる。さらに，子どもの虐待問題では，保健・医療，教育，司法など多様な機関と連携をとる必要がある。

　このように，その子どもと家庭の状況や問題にあわせ，福祉，保健・医療，教育，司法などの関連分野の専門職（図・表6-3）と相互に連携をとりながら，適切な支援を行っていくことが重要となる。もし連携がうまくとれない場合には，問題解決が進まないばかりか，より複雑・深刻化してしまうケースもある。

　また，相談がもちこまれた最初の機関がその問題に対応できない場合には，速やかに他機関へ紹介し支援を行う。これには，紹介した他機関へ支援を委ねる場合と，紹介後も連携しながら継続して支援していく場合とがある。

　いずれにせよ，問題の内容や状況に応じ，緊急を要すると判断される場合には，即時に対応していくことが必要である。緊急性がないと判断される場合には，援助開始に適切な時期まで関連機関と情報共有などを行いながら，より効果的で円滑な援助活動が実践できるように準備を進めていくこととなる。

2．児童相談所と他の専門機関との連携

　児童相談所は，児童福祉法に基づく行政機関であり，各都道府県及び指定都市に設置が義務づけられている。子どもの福祉に関する中枢機関であり，子どもに関する各般の相談のうち，専門的な知識・技術を必要とするものに対応するとともに，市町村の相談業務を支援している。

　児童相談所で受ける相談は多岐にわたるが，種々の専門職員の関与による調査・診断・判定が行われる。児童相談所が単独で支援を行う相談は少なく，ほ

図・表 6-3　主な児童福祉の関連分野と専門職

分野	機関	専門職	連携例
保健・医療	医療機関 保健所 市町村保健センター	医師 保健師 看護師 助産師 理学療法士 作業療法士 言語聴覚士 栄養士 臨床心理士	・児童相談所などに障害の相談が寄せられたときの医学的診断や治療 ・保健所や医療機関における診療や検診などで障害が発見されたときや，育児やしつけに関する相談が寄せられたときに必要に応じて児童福祉機関に連絡・調整
教育	幼稚園 学校 教育センター	担当教諭 養護教諭	・児童相談所などに不登校，いじめ，校内暴力などの相談が寄せられた場合の，幼稚園や学校における日常の観察や援助 ・虐待の発見あるいは虐待が疑われる場合の通告や，必要に応じて児童福祉機関と協働しての家族関係の調整
司法	警察 検察庁 少年補導センター 少年院 少年鑑別所 家庭裁判所 保護観察所	警察官 検察官 裁判官 法務教官 弁護士	・棄児，児童虐待，DVや非行傾向のある子どもが補導された場合に，児童相談所への通告や，虐待が疑われた場合の立ち入り調査の援助 ・非行少年の更生や自立支援における児童福祉機関との連携 ・犯罪少年や虞犯少年の保護処分決定や施設への送致，親権喪失

とんどは，児童福祉施設や関係諸機関と連携をとりながら支援活動が展開されている。一刻をあらそうような迅速な対応が必要なケースがもちこまれることも多く，さまざまな状況を想定した連携のきめ細かい要綱やマニュアルの準備をしておくことが重要となる。

　児童相談所は，児童福祉法によりあらゆる子ども家庭相談に対応してきたが，近年は，児童虐待相談件数の急増等により，緊急かつ，より高度な専門的対応が求められている。一方で，育児不安等を背景に，身近な子育て相談ニーズも増大してきていることからも，さまざまな相談種別に対応できるネットワークづくりが課題となっている。

3．保育所と他の専門機関との連携

　保育所保育指針の改定により，保育所の機能はより多様化し，地域に開かれた施設としての役割をいっそう求められるようになった。0～2歳の子どもたちの保育状況に関する調査をみると，保育所に通所している子どもは15.6%であり，残りの84.4%は家庭で育てられていることがわかる（図・表6-4）。

　子育て家庭の親は地域から孤立していることが多く，悩みや不安を抱えながら1人で子育てをしていることが少なくない。そのような状況のなかで，育児ノイローゼや虐待問題が発生することもあるため，子どもを取り巻く家族の問題を早期に発見し，地域の子育て支援機関として他機関と連携しつつ，子どもを含めた家族を支援していく機能が保育所に求められる。

〈事　例〉

　　4歳になったA子は，最近友達ともすぐにけんかをしたり，たたいたりかみついたりするようになった。担当保育士にも乱暴な言葉を言ってくる一方で，べったりしがみついているようなことが頻繁にあった。

　　A子が虐待を受けていることは，担当保育士も最初は気がつかなかった。しかし，A子や母親の様子を観察しながらかかわりを続けていくなかで，A子がしつけと称して日常的に強く叩かれたり，蹴られたりしていることが次第にわかってきた。担当保育士は，職員会議でA子について話題に出し，職員間でA子と母親に対して共通理解をもち，注意深く見守りながら支援を行うこととなった。

　　数日後のある朝，A子が顔を腫らし，引っかき傷をつくって登園してきた。送ってきた母親に理由を尋ねると，「A子が家の中で走っていて転んでぶつけた」という返答が返ってきた。担当保育士は，おかしいと思いながらもA子にも聞いてみたが，うつむいたまま黙っているだけであった。

　　報告を受けた保育所長はタイミングをみて母親と話す機会をつくることとした。話し合いは，追及したり責めたりするのではなく，母親の気持ちや困難を聞くことを第1の目的とした。そのためにも，警戒心を与えないように配慮し行われたが，母親の態度は非常に拒否的で，「お話しすることはない」「何も困っていることはない」「A子ともうまくやっている」というものであった。

　　その後も，A子が不自然に思える傷やあざをつくって登園することがあったため，担当保育士は所長と相談し，児童相談所へ連絡をとることにした。

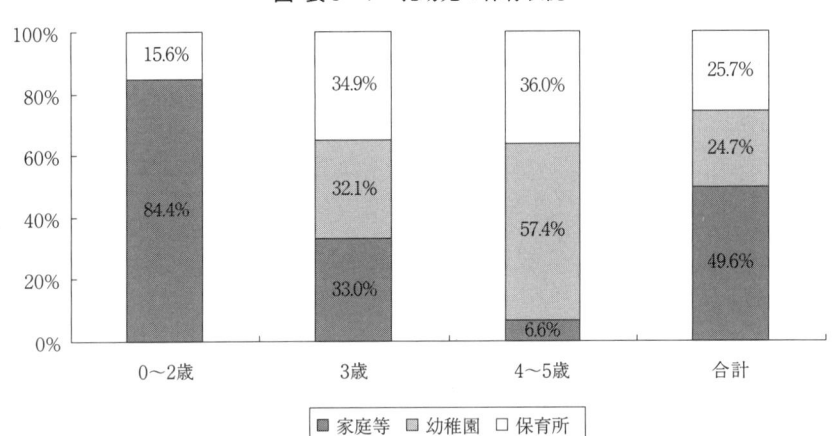

図・表6-4　乳幼児の保育状況

年齢	家庭等	幼稚園	保育所
0〜2歳	84.4%	—	15.6%
3歳	33.0%	32.1%	34.9%
4〜5歳	6.6%	57.4%	36.0%
合計	49.6%	24.7%	25.7%

(備考) 1.「保育所利用児童数」は厚生労働省調べ（2001年4月1日現在），「幼稚園児数」は文部科学省「学校基本調査」（2001年5月1日現在），「家庭等の児童数」は総務省「国勢調査」（2000年10月1日現在）の各年齢人口から，保育所児童数および幼稚園児数を除いて求めた。
2. 図中の数値は該当年齢における割合
3. 0〜2歳については，幼稚園児はいない

(出典：内閣府編『平成13年度国民生活白書』ぎょうせい，2001年より)

　児童相談所のケースワーカーは，保育所に出向き担当保育士から話を聞くとともに，A子の様子を観察した。児童相談所に戻ったケースワーカーは保健所などからの情報収集を行い，3歳児健診でかかわりをもった保健師の協力を得て家庭訪問をすることとなった。
　母親は初めは拒否的な態度であったが，粘り強く対応していくなかで，家事や育児を一人で行わなくてはならないことの負担感，夫の転勤で住みはじめた町で友人がいない孤立感などについて，少しずつ話しはじめた。
　家庭訪問後，ケースワーカー，担当保育士，保健師で話し合いを実施した。母親に対しては，関係のできた保健師が気軽に相談できる窓口となること，友人をつくるきっかけとなる地域の子育てサークルを紹介すること，A子に対しては，保育士がこれまでどおり観察を続け，母親にも送り迎えの時間などで積極的に声がけをしていくこと，などの支援が行われることとなった。
　支援の中心は，これまでどおり保育所であるが，定期的に情報交換しながら総合的に援助していくことが確認された。

この事例では，担当保育士を保育所全体でサポートしつつ，A子や母親に対する援助が進められていったが，対応を担当保育士だけに任されることもあり，保育士の精神的な不安やストレスにつながっていることも少なくない。

　担当保育士が対応に苦慮するケースの多くは，子どもだけではなく家族もまたさまざまな困難を抱えていることが多いことである。長期にわたってかかわるために少しずつ手ごたえを感じるようになるものの，日々のかかわりは達成感や充実感を得ることの少ない根気を要するものとなる。これはとてもストレスのかかる過程であり，保育士の負担となるものである。

　また，ケースに熱心に対応するなかで，子どもや親に振り回されたり，傷つけられたり，無力感に陥ったりして，保育士の孤立感が深まり，時にはバーンアウトしてしまうことも指摘されている。

　このような，担当保育士の過重なストレスを軽減するためにも，担当者のみに対応を委ねるのではなく，保育所全体で，必要に応じ児童相談所や保健所，あるいは地域の児童委員などと連携しながら，子どもと家族を支援していくことが肝要である。

　また，虐待ケースへの支援においては，担当保育士や保育所のみによる援助には限界がある。多くの関係機関と連絡を取りながら進め，保育所以外にかかわるさまざまな専門職の共通理解に支えられた，多層な援助を展開する必要があるのが特徴となる。

　しかし，ケースの理解の仕方やかかわりの一貫性のなさ，リーダーシップの不在などから，援助過程のなかで困難を生じることもあり，機関や組織相互の理解とチームワークのとり方に問題があるのが現状である。そのため，直接かかわる機関だけではなく，その機関と連携しながら関係する諸機関の間にそれぞれの役割を認識し，尊重しあいながらケースにかかわることのできるネットワークの構築が必要となる。

4．関係機関とのネットワークの構築

　それぞれ関連する分野の機関・専門職と相互に連携・協働しあいながらニーズに対応していくことにより，問題の解決を図っていく。その連携・協働を円滑に行うためには，ネットワークの構築が必要不可欠となる。援助の対象や内

容，方法などの条件により，どの専門機関や専門職と連携するのか，どのような協働が望ましいのかなどでネットワークのあり方は異なってくる。

　ここで重要となってくるのが，その取り組みの中核となるキーパーソンの存在である。コーディネーターとも呼ばれるキーパーソンには，子どもや家庭が抱える問題，あるいは地域に存在する問題，社会資源，関係機関や団体などを把握し，各専門職の役割を明確にしながら協働して問題解決を図るという役割がある。

　他機関との連携・協働は，問題が発生してからの対応だけでなく，問題の発生予防という視点においても重要な役割を果たす。しかし，ネットワークが最初から円滑に機能することは少ない。定期的な会議や実際の援助活動をとおしたかかわりを重ねていくなかで，徐々にお互いの顔がみえる関係となり，それぞれの機関や職種の専門性を理解したうえで円滑に機能していくものである。

　そのためにも，地域にどのような社会資源があるのかを把握しておくことが日常的に重要であり，さらに連携をとりやすい関係をつくっておくことが必要となる。情報や目標を専門職間で共有しあい，総合的な支援を機能させるネットワークシステムを構築していくことが，今後の課題である。

トピックス6：児童福祉におけるソーシャルワークの展開

　児童福祉の分野では，児童相談所の児童福祉司や児童福祉施設に配置されている児童指導員，母子指導員，児童自立支援専門員などが，ソーシャルワークの担い手として相談援助活動を実践している。

　児童福祉領域のソーシャルワークであっても，ほかの領域のそれとなんら変わりはなく，社会生活上の問題を抱えた人に対し，社会資源などを活用しながら関係機関と連携し，問題解決に向けて支援・援助を行う専門活動である。

　しかし，子どもの場合は，さまざまな意味で家族の影響を受けて育っていく存在であることから，多くの場合は，直接子ども自身に援助を行うだけではなく，養育している保護者や家族も含め，家族をひとつのシステムとしてとらえて援助していく，ファミリーソーシャルワークが展開されている。

たとえば，子どもの不登校について相談があったとき，ケースワークの視点では，子どもが学校に行くようになれば問題は解決したことになる。まずワーカーは，子ども自身に不登校の問題があるのではないかと考え，その問題を解決するために子どもに焦点をあてた支援を行う。しかし，不登校は一進一退でなかなか改善しない場合がある。そこで，ファミリーソーシャルワークの視点から，家族関係に焦点をあてた援助活動を実践する。

最初は，子どもが不登校であることに悩み，不安を抱えている母親の気持ちを受容するということからのスタートであったが，母親との面接を数回行っているうちに，母親は父親との夫婦関係がうまくいっていないことで悩んでいることを打ち明けはじめた。次の段階として，ワーカーは父親も含め，母親と父親の関係を調整するための面接を設定し，その後も面接を重ねていく。母親と父親の関係が少しずつ改善していくと，ほどなく子どもの不登校も改善していたということがある。

この事例では，不登校の原因は子ども自身の問題ではなく，両親の夫婦間不和が原因となり，不登校として表出していたことがわかる。このように，子どもの問題行動という現象で出現するケースであっても，家族関係や環境に原因を発していることが少なくないため，家族全体を視野に入れて，多角的にとらえながら支援していくという視点が重要となる。

(鑑　さやか)

演習問題

A. 援助におけるソーシャルワークの視点として，大切なことは何かを話し合ってみよう。

B. ソーシャルワークの支援過程で，相談支援・入所施設における支援それぞれの展開上の注意点は何かを考えてみよう。

C. 自分の住んでいる地域では，どんな子育て支援活動が行われているのか，条例，行政の支援体制，NPOなどを多角的に調べ，法制度との関連をまとめてみよう。

■■■引用・参考文献

■1章
松村和子・澤江幸則・神谷哲司(編著)　2005　保育の場で出会う家族援助論　建帛社
正岡寛司　1995　家族過程論－現代家族のダイナミックス　放送大学教育振興会
新・保育士養成講座編纂委員会(編)　2002　家族援助論　全国社会福祉協議会
森岡清美・望月嵩　1997　新しい家族社会学　培風館
川井尚　1997　育児不安のタイプとその臨床的研究　日本総合愛育研究所紀要
多田裕　2003　平成14年度厚生労働科学研究─育児不安軽減のための小児科医の役割とプレネイタルビジットの評価に関する研究
マリオン・マンサー・近藤智子(萩原裕子・菊池真理訳)　2004　LEAVESステップマム・アンサーブック

■2章
柏女霊峰(監修)・全国保育士会(編)　2004　全国保育士会倫理綱領ガイドブック　全国社会福祉協議会
柏女霊峰　2006　子ども家庭福祉・保育のあたらしい世界　生活書院
柏女霊峰　2007　現代児童福祉論［第8版］　誠信書房
柏女霊峰　2008　子ども家庭福祉サービス供給体制─切れ目のない支援をめざして─　中央法規出版
柏女霊峰・橋本真紀　2008　保育者の保護者支援─保育指導の原理と技術─　フレーベル館
柏女霊峰　2007　序章　保育における児童福祉　改訂・保育士養成講座編纂委員会(編)　児童福祉　全国社会福祉協議会
厚生労働省雇用均等・児童家庭局保育課　2008　保育所保育指針解説書
山縣文治・柏女霊峰(編集代表)　2008　社会福祉用語辞典［第6版］　ミネルヴァ書房
森上史朗・柏女霊峰(編)　2008　保育用語辞典［第4版］　ミネルヴァ書房
柏女霊峰　近刊　子ども家庭福祉論　誠信書房
網野武博・柏女霊峰(編)　近刊　子ども家庭福祉の新展開　同文書院

■3章
遠藤興一　1991　資料でつづる社会福祉のあゆみ　不昧堂出版　p.36
鈴木力　2004　子どもと家庭の福祉の歴史的展開　須永進(編)　子どもの福祉－最善の利益のために－　八千代出版　p.51

■4章
改訂・保育士養成講座編纂委員会(編)　2007　児童福祉　全国社会福祉協議会
柏女霊峰　2007　現代児童福祉論［第8版］　誠信書房
厚生労働省雇用均等・児童家庭局(監修)　2004　児童保護措置費・保育所運営費手帖(平成15年度版)　日本児童福祉協会
才村純(編著)　2008　保育者のための児童福祉論　樹村房
新版・社会福祉学双書編纂委員会(編)　2005　第4巻　児童福祉論　全国社会福祉協議会
岸井勇雄・無藤隆・柴崎正行(監修)　2005　児童福祉の新展開　同文書院

■5章

柏女霊峰　2007　現代児童福祉論　第8版　誠信書房　p.41・138
柏女霊峰・尾木まり・佐藤まゆみ他　2008　子ども家庭福祉行政機関の機構改革と運営に関する研究（2）-保育・子育て支援，児童健全育成分野を中心に-　日本子ども家庭総合研究所紀要第44集　日本子ども家庭総合研究所
柏女霊峰　2008　子ども家庭福祉サービス供給体制　中央法規出版
網野武博・柏女霊峰(編)　2004　児童福祉の新展開　改訂第2版　同文書院
山縣文治(編)　2007　よくわかる子ども家庭福祉　第5版　ミネルヴァ書房
高橋重宏・山縣文治・才村純(編)　2007　子ども家庭福祉とソーシャルワーク　第3版　有斐閣
北川清一・小林理(編)　2008　子どもと家庭の支援と社会福祉-子ども家庭福祉入門-　ミネルヴァ書房
保育士養成講座編纂委員会(編)　2007　改訂3版　児童福祉　全国社会福祉協議会
柏女霊峰　近刊　子ども家庭福祉論　誠信書房

■6章

山縣文治(編)　2007　よくわかる子ども家庭福祉　第5版　ミネルヴァ書房
柏女霊峰　2003　子育て支援と保育者の役割　フレーベル館
高橋重宏・山縣文治・才村純(編)　2007　子ども家庭福祉とソーシャルワーク　第3版　有斐閣

■■■参考図書案内

浅井春夫・松本伊智郎・湯澤直美(編)『子どもの貧困──子ども時代のしあわせ平等のために』明石書店　2008
■子ども時代に貧困であるということは，その子の人生にとってどのような意味をもたらすのか。本書は福祉の現場から，「子どもの貧困」の実相と家族との関係について検証し政策的提言を行うものである。すべての子どものしあわせの実現に必要なことは何かを考えさせられる一冊である。

網野武博『児童福祉学』中央法規出版　2002
■児童福祉について子ども主体の視点から包括的に論じており，数少ない児童福祉の体系的研究の書である。今後のあり方について専門的に学ぶことができる名著であり，児童福祉について，しっかりと学んでみたい人にお薦めである。

柏女霊峰『子ども家庭福祉サービス供給体制』中央法規出版　2008
■編者の最新の研究の書である。子ども家庭福祉サービスの供給体制のあり方について，少子化，子ども虐待防止，保育など，さまざまな分野を通覧しながら今後の方向を展望している。保育も子ども家庭福祉の一分野であり，その全体を通底する理念と制度，方法を考えることができる。

厚生労働省『保育所保育指針解説書』フレーベル館など　2008
■新しい保育所保育指針の告示化をふまえ，その解説書として厚生労働省が多くの研究者，実務家の協力を得て作成した解説書である。特に，保育所の保育士をめざす人にとっては，熟読が必須とされるものである。児童福祉の原理とも通ずるものがあり，ぜひ一読が必要である。

鈴木力(編著)『児童養護実践の新たな地平──子どもの自立支援と権利擁護を実現するために』川島書店　2003
■子どもの自立支援と権利擁護を実現するためにとの視点から，実際に施設養護実践に携わった経験をもつ研究者と実践者が協働して，児童福祉施設における援助のあり方について具体的に検証し，その内容を提示するものである。施設保育士をめざす学生はぜひ一読してほしい一冊である。

高橋重宏(編)『子どもへの最大の人権侵害　子ども虐待（新版)』有斐閣　2008
■保育士,弁護士,児童相談所職員をはじめとする地域で子ども家庭福祉にかかわる専門職，並びにそれをめざす学生たちに「子ども虐待とはなにか」について「子どもの権利擁護」という視点からわかりやすく解説する入門的な書である。子ども虐待の定義と内容，その対応の現状と課題について体系的な理解に役立つ一冊である。

内閣府『少子化社会白書』佐伯印刷株式会社（平成20年版）　各年
　　■少子化社会対策基本法の規定に基づき，内閣府が平成16年度から毎年発刊している少子化対策のための白書である。平成20年版では，少子化の現状や仕事と生活の調和（ワーク・ライフ・バランス）に関連する取り組みなどが解説されている。

日本子ども家庭総合研究所(編)『日本子ども資料年鑑2008』KTC中央出版　2008
　　■1988年に創刊，2001年以降は毎年刊行され，子どもや家庭に関する最新データを提供してくれる貴重な書籍である。経時的データは集めづらいが，この一冊で，今日の子どもや家庭をとりまく状況を実態調査に基づく情報で把握することができる。

山縣文治(編)『よくわかる子ども家庭福祉（第5版）』ミネルヴァ書房　2007
　　■子ども虐待，少年非行，障害児，母子保健，ひとり親家庭福祉といった子ども家庭福祉の諸分野の要点について，わかりやすく解説された入門書である。豊富な図表やデータの提示も本書の特色の1つであり，全体的な理解に役立つ一冊である。

山縣文治・柏女霊峰(編集代表)『社会福祉用語辞典［第6版］』ミネルヴァ書房　2008
　　■児童福祉を含む社会福祉全般にわたる辞典。時代の流れに沿いつつ頻繁に改訂を進めており，正確でわかりやすい解説が人気の辞典である。同書房の保育用語辞典とともに手元に置いて，折りにふれて活用したい。

◼◼◼さくいん◼◼◼

▶あ行

アウトリーチ　148
アセスメント　158,161
アフターケア　162
医学診断　76
育児休業制度等（育児休業,介護休業等育児または家族介護を行う労働者の福祉に関する法律）　106
育児ストレス　156,165,167
育児不安　7,156
育成相談　74,75
池上雪枝　40
石井十次　38,39
石井亮一　41
委託一時保護　135
一時預かり事業　108,109
一時保育　100
一時保護　77,135
一時保護所　77
1歳6か月児健康診査　69,122
1.57ショック　3,47,53
糸賀一雄　46
意図的な感情表出　152
ウエルビーイング　29,112
ＮＰＯ　155
Ｍ字型曲線　5
Ｍ字型就労　5
エリクソン　20
エリザベス救貧法　49
エレン・ケイ　47
エンゼルプラン　48
エンパワメント　147
大型児童館　113,114

大阪方面委員制度　41
岡山孤児院　38,39
親子分離　9

▶か行

核家族化　4
学童期　23
学童保育　115
家族の再統合　162
家庭裁判所　140,171
家庭裁判所調査官　140
家庭支援専門相談員　89,163
家庭児童相談室　79
家庭相談員　88
家庭的保育事業　108,109
家庭福祉員　103
感化院　40,139
感化法　43,139
監護性　19
キーパーソン　175
ギャングエイジ　3
救護法　42
ＱＣ活動　28
教護院　139
緊急保護　78
虞犯少年　138
ケアワーク　31
健康保険法　105
敬田院　35
契約　158,161
現業員　79
健全育成　112
ケンプ　55

権利擁護　27
合計特殊出生率　3, 47
後見人の選任・解任　77
厚生労働省　68
公的責任　29
行動観察　78
行動診断　76
小型児童館　113, 114
子育て支援　26, 27
子育て支援コーディネーター　116
子育て支援サービス　107, 116
子育て短期支援事業　107, 143
国庫補助金　83
子ども・子育て応援プラン　102
子ども家庭福祉　14
子ども虐待　8, 9, 134, 136
子どもの権利条約　15, 26, 47, 53, 54
子どもの権利条例　54
子どもの最善の利益　26, 29
個別化　151
雇用均等・児童家庭局　68

▶さ行

サービス調整事業　107
在宅勤務制度　11
在宅指導　135
査察指導員　79
里親制度　130
里親　61
里親委託　135
里親が行う養育に関する最低基準　48, 132
里親の認定に関する省令　48, 132
里親養育援助事業　132
里親養育相互援助事業　132
3歳児健康診査　69, 122

暫定定員制度　85
支援費支給制度　62
四箇院　35
市区町村児童福祉審議会　69
自己覚知　164
自己決定　154
思春期　23
次世代育成支援対策推進法　67, 104
施設入所措置　135
肢体不自由児　124
肢体不自由児施設　90, 127
肢体不自由児通園施設　90, 127
肢体不自由児療護施設　90, 127
市町村　61, 155
児童　60
児童委員　60, 76, 81
児童家庭支援センター　48, 76, 82, 90, 155
児童館　90, 112
児童虐待　9
児童虐待の防止等に関する法律　9, 48, 55, 66
児童虐待防止法　42, 54, 66
児童居宅生活支援事業　61
児童憲章　15, 25, 45, 53
児童厚生施設　112
児童指導員　73, 89
児童自立支援員　89
児童自立支援計画　162
児童自立支援施設　62, 90, 139
児童自立生活援助事業　77
児童心理司　73, 87
児童心理療育施設　142
児童生活支援員　89
児童センター　113, 114
児童相談所　8, 15, 61, 72, 134, 137, 140,

155,170,171
児童手当　105
児童手当法　65,105
児童の遊びを指導する者　89
児童の権利に関する条約　15,26,47,53,54
児童の権利に関する宣言　26,54
児童の世紀　47
児童買春，児童ポルノに係る行為等の処罰及び児童の保護等に関する法律　48,66
児童福祉司　60,73,76,86
児童福祉施設最低基準　61,83,97,98
児童福祉審議会　60,69
児童福祉法　30,31,44,53,59,60,72,124
児童福祉法施行規則　61
児童福祉法施行令　61
児童福祉法の大幅な改正　48
児童扶養手当　146
児童扶養手当法　63
児童訪問援助事業（ホームフレンド等）144
児童保護協会　50
児童保護措置費　83
児童ポルノ禁止法　65
児童遊園　90,112
児童養護施設　62,90,130,140,161
自閉症児施設　90,125,127
島田療育園　46
社会関係資産　16
社会診断　76
社会的排除　18
社会的包摂　18
社会的養護　129
社会福祉援助技術　32

社会福祉基礎構造改革　27
社会福祉協議会　155
社会福祉六法　78
社会保障審議会　117
社会連帯　30
重症心身障害児　124,125
重症心身障害児施設　46,127
重症心身障害児治療施設　90
就労率　5
恤救規則　38
出産育児一時金　105
出産手当金　105
出生率　3
主任児童委員　61,81
受容　152
障害児福祉　124
障害児福祉手当　64,126
障害者自立支援法　27,124,125,128
障害相談　74,75
少子化　3
少子化社会対策基本法　68,105
少子化社会対策大綱　48,56,102
少子高齢化　3
情緒障害　11,140
情緒障害児　11,140
情緒障害児短期治療施設　90,127,141
情緒的対象恒常性　23
職権一時保護　135
少年　60
少年院　139,171
少年鑑別所　139,171
少年教護法　43,139
少年法　138
少年法の改正　139
少年保護観察所　140
少年補導センター　171

常用雇用転換奨励金　145
ショートステイ　107,143
食育　123
食育基本法　123
触法少年　138
助産施設　62,79,85,90
職権保護　77
自立　19
自立援助ホーム　48
自立支援　55
自立支援給付金　145
自立支援教育訓練給付　145
新エンゼルプラン　48
親権　19,136,142
親権喪失宣告の請求　136
親権喪失宣告　77
新少年法　139
心身障害児　124
親族里親　132,133
新待機児童ゼロ作戦　101
身体障害児　10,124
身体障害者手帳　124
身体的虐待　9
診断　75
親表象の内在化　23
心理診断　76
心理的虐待　9
心理療法担当職員　163
スーパービジョン　164
健やか親子21　122
整肢療護園　43
性的虐待　9
青年期　23
施薬院　35
1997（平成9）年の児童福祉法の一部改正　61,82

1998（平成10）年の児童福祉法の改正　139
全国地域活動連絡協議会　117
全国保育士会倫理綱領　33
全国保育士会　33
戦災孤児　43,44,59
戦災孤児等保護対策要綱　44
専門里親　132,133
専門里親制度　48
総合診断　76
ソーシャル・イクスクルージョン　18
ソーシャル・インクルージョン　17,18,27
ソーシャルキャピタル　16
ソーシャルワーク　32,150
ソーシャルワークの支援過程　155
措置費　83,84

▶た行

待機児童ゼロ作戦　102
代弁性　21
高木憲次　42
滝乃川学園　41
短期里親　132,133
短期入所指導　78
短期入所生活援助事業　107,143
男女共同参画　28
地域子育て支援拠点　100
地域子育て支援拠点事業　100,108,109,116
地域子育て支援センター　165
地域小規模児童養護施設　48
地域組織活動　117
地域の居場所づくり事業　115
地域保健法　80
父親不在　8

知的障害児　10,124
知的障害児施設　90,125,127
知的障害児通園施設　90,127
調査　75
通告　134
つどいの広場　165
統御された情緒的関与　152
都道府県児童福祉審議会　117
特別児童扶養手当　64,78,126
特別児童扶養手当等の支給に関する法律　64
特別障害者手当　64
都道府県・指定都市児童福祉審議会　69
都道府県児童福祉審議会　76
留岡幸助　40
ドメスティック・バイオレンス　10,66
トワイライトステイ　107

▶な行
難聴幼児通園施設　90,127
ニーズ　16
2000(平成12)年の児童福祉法の一部改正　62
2001(平成13)年の児童福祉法の一部改正　62
2009(平成21)年の児童福祉法の一部改正　63
2003(平成14)年の児童福祉法の一部改正　62
2004(平成16)年の児童福祉法の一部改正　62
乳児　60
乳児院　90,129,161
乳児家庭全戸訪問事業　108,109,117
乳幼児期　22

乳幼児健康診査　122
認可外保育サービス　103
妊産婦　60
認定子ども園　103
ネグレクト　9
ネットワーク　148,174
年齢階級別女子労働力率・潜在的労働力率の推移　6
野口幽香　41

▶は行
バーナードホーム　39
バーンアウト　164
配偶者からの暴力　10,66
配偶者からの暴力の防止及び被害者の保護に関する法律　48,66
配偶者暴力相談支援センター　67
配偶者暴力防止法　66
バイステックの7原則　151
発達障害者支援法　27
発達性　20
晩婚化　3,5
犯罪少年　138
判定　75,135
ピアサポート　148
被殴打児症候群　55
非行少年　138
非行相談　74,75
非婚化　5
非審判的態度　153
非田院　35
ひとり親家庭　142,144
ひとり親家庭情報交換事業　144
ひとり親家庭生活支援事業　144
秘密保持　154
評価　159,162

びわこ学園　46
ファミリーサポートセンター　93
ファミリー・サポート・センター事業
　103,107
ファミリーソーシャルワーカー　89
フェア・スタート　55,56
福祉元年　47
福祉事務所　61,78,134
福祉ニーズ　20
父子世帯　142
二葉幼稚園　41
フランシスコ・ザビエル　37
ベヴァレッチ・レポート　51
保育　30,31,32
保育士　24,61,88,149,150
保育士資格の法定化　62
保育所　62,85,90,93,94,144,172
保育所保育指針　22,98,172
保育ママ　103
保育料　96
放課後子ども教室推進事業　115,116
放課後子どもプラン　115
放課後児童健全育成事業　115,116
ホームレスの自立の支援等に関する特別
　措置法　27
保健所　61,80,171
保健センター　171
保健相談　74,75
保護観察所　171
保護性　21
母子及び寡婦福祉法　64,88,145
母子家庭　146
母子家庭高等技能訓練促進費　145
母子家庭等就業・自立支援センター事業
　145
母子家庭等日常生活支援事業　65

母子休養ホーム　145
母子健康手帳　65,120,123
母子指導員　89
母子自立支援員　64,88
母子生活支援施設　10,62,79,85,90,
　144
母子家庭等日常生活支援事業　143
母子世帯　142
母子福祉資金貸付金　146,147
母子福祉施設　145
母子福祉センター　145
母子保健　118
母子保健法　65
母子保護法　43
ホスピタリズム論争　45
堀文次　45

▶ま行

松倉松蔵　42
未婚化　3,5
未熟児　122
民生委員　81
名称独占資格　88
面接指導　9
盲児施設　90,127
モニタリング　159,162

▶や行

夜間養護（トワイライトステイ）事業
　144
夜間養護等事業　107
ゆりかごから墓場まで　51
養育里親　131,132,133
養育支援訪問事業　108,109,117
養育費　146
養護相談　74,75

幼児　60
幼稚園　103, 171
要保護児童　61, 129

▶ら行

ライフコース　5, 24
ララ（LARA：Licensed Agencies for Relief in Asia，アジア救援連盟）　44
離婚　7
療育手帳　125
療病院　35
ルイス・デ・アルメイダ　37
ろうあ児施設　90, 127
労働力率　5
ロバート・オーエン　50

▶わ行

ワーク・ライフ・バランス　11, 28, 102, 106
脇田良吉　41

[執筆者紹介]（執筆順）

伊藤嘉余子（いとう・かよこ）	編著者	1章，4章，5章6・8
柏女霊峰（かしわめ・れいほう）	編著者	2章
鈴木　力（すずき・つとむ）	田園調布学園大学人間福祉学部准教授	3章
金子恵美（かねこ・めぐみ）	日本社会事業大学社会福祉学部准教授	5章1・3
佐藤まゆみ（さとう・まゆみ）	筑波大学・埼玉大学等講師	5章2
鑑　さやか（かがみ・さやか）	東北文化学園大学医療福祉学部講師	5章4・5・7　6章4・5
谷口純世（たにぐち・すみよ）	愛知淑徳大学医療福祉学部准教授	6章1・2・3

[編著者紹介]

柏女霊峰（かしわめ・れいほう）
　1952年：福岡県生まれ。東京大学教育学部教育心理学科卒業後，千葉県児童相談所，厚生省（現厚生労働省）児童家庭局勤務。
　現在：淑徳大学総合福祉学部教授・同大学院教授，日本子ども家庭総合研究所子ども家庭政策研究担当部長。社会保障審議会児童部会委員，中央教育審議会専門委員など。石川県少子化対策担当顧問。
　主な著書：『子ども家庭福祉・保育のあたらしい世界』（生活書院，2006），『子ども家庭福祉サービス供給体制』（中央法規出版，2008），『子ども家庭福祉論』（フレーベル館，2009）など。

伊藤嘉余子（いとう・かよこ）
　1975年：富山県に生まれ，愛知県で育つ。同志社大学大学院博士前期課程修了，日本社会事業大学大学院博士後期課程修了。博士（社会福祉学）。
　現在：埼玉大学教育学部専任講師。埼玉県子どもの権利擁護委員会調査専門員。
　主な著書：『児童養護施設におけるレジデンシャルワーク』（単著，明石書店，2007），『改訂・保育士養成講座　児童福祉』（共著，全国社会福祉協議会，2005），『保育の場で出会う家族援助論』（共著，建帛社，2005）など。

保育・教育　実践テキストシリーズ
児童福祉　子ども家庭福祉と保育者

2009年2月28日　初版第1刷発行

　　　　　　　　　　　　　編著者ⓒ　柏女霊峰
　〈検印省略〉　　　　　　　　　　　伊藤嘉余子
　　　　　　　　　　　　　発行者　　大塚栄一
　　　　　　　　　　　　　発行所　　株式会社　樹村房
　　　　　　　　　　　　　　　　　　　　JUSONBO
　　　　〒112-0002　東京都文京区小石川5丁目6番20号
　　　　　　　　　　電話　　（03）3946-2476
　　　　　　　　　　ＦＡＸ　（03）3946-2480
　　　　　　　　　　振替　　00190-3-93169
　　　　　　　　　　http://www.jusonbo.co.jp

　　　　　　　　　印刷・亜細亜印刷／製本・常川製本
ISBN978-4-88367-158-8　乱丁・落丁本はお取り替えいたします。

保育・教育 実践テキストシリーズ

Ａ５判・平均200頁，Ｂ５判・平均150頁

近刊書

☆は既刊

■今日の社会では，子どもを取りまく環境の変化に伴い多様な保育サービスが求められている。また，改めて人間形成における保育・幼児教育の重要性が指摘されている。本シリーズは，それらに応えるべく内容として，これから保育者をめざす人へ向け，基礎理論を実践と結びつけながら平易に解説する。各巻が編者の確かな視点で構成・編集された，学びの指針となるようなテキスト群である。

教育原理	広田　照幸・塩崎　美穂	編著
教育心理学	秋田喜代美・高辻　千恵	編著
☆児童福祉	柏女　霊峰・伊藤嘉余子	編著
社会福祉援助技術	柏女　霊峰・伊藤嘉余子	編著
保育者論	無藤　隆・岩立　京子	編著
家族援助論	庄司　順一・鈴木　力	編著

樹村房